JN326838

これだけは知っておきたい！

外国人相談の基礎知識

|杉澤経子|関聡介|阿部裕|
【監修】

松柏社

序　多文化社会と外国人相談

　日本における在留外国人数は、法務省の発表によると、2016年末において、196の国・地域、238万2822人となり、2008年のリーマンショックや2011年の東日本大震災の影響でその数が減少に転じた年はありますが、出入国管理及び難民認定法が改正された1990年前後からほぼ一貫して右肩上がりに増加しています。また、外国で生まれ育ちながらもその後来日して日本国籍を取得した人や、海外に長期滞在して帰国した日本人、もしくは海外で生まれ育った帰国児童・生徒も増加しています。このことは、国籍を問わず言語・文化の異なる人々が増加しているということを意味しており、日本社会の多文化化は、在留外国人数だけでは把握できないほど進んでいるものと思われます。

　地域社会では、こうした言語・文化の異なる人々が住民として暮らすようになり、これまで経験したことのないさまざまな問題に直面するようになりました。例えば、ゴミの出し方や騒音など、生活習慣やルールの違いから起こる住民間のトラブル、労働問題や離婚訴訟など、国をまたいでの法律にかかわる問題、家族の呼び寄せや国際結婚の増加による日本語力が不十分な子どもの教育や進学の問題、さらには日本社会からの孤立化や異文化ストレスによる精神疾患を抱える外国人の増加など、深刻な問題も出てきています。

　こうした問題は、1990年代から徐々に社会問題として顕在化するようになりますが、先駆けてその支援にあたったのは、ボランティアでした。その後、自治体が設置した国際交流協会等が、市民ボランティアの助けを得て外国語による情報提供や相談窓口を設置したり、自治体の市民相談の

窓口に外国語のできる相談員を置くなどして、対応をしてきたというのが実態だったといえます。

　住民施策として自治体が外国人相談事業に正面から取り組むようになったのは、総務省が2006年に発表した「地域における多文化共生推進プラン」において、外国語相談が自治体施策として体系化されてからのことです。また、2012年7月に施行された改正住民基本台帳法では、中・長期に日本に滞在する外国人は「外国人住民」として位置付けられました。自治体にとって、外国人住民は、行政サービスを等しく提供しなければならない対象になったのです。

　しかし、総務省の調べによると2016年4月時点において、外国人住民施策実施の前提としての多文化共生政策の指針もしくは計画が策定されている自治体は、全国1788のうち746で、全体の42%という状況です。さらに、三菱UFJリサーチ&コンサルティングが2012年に実施した「基礎自治体の外国人政策に関するアンケート調査」では、外国人の「就労・労務相談」については、アンケートに回答した535の自治体のうち7.9%でしか取り組まれておらず、その中で、人口が1万人以下の自治体での取組率は0%でした。

　日本政府は、2020年の東京オリンピック開催を機に、外国人の観光客や労働者を受け入れるためにビザの緩和、技能実習制度の拡大等を行っています。また、国内事情としての少子高齢化の問題は根深く、さらに世界の情報・交通・経済のグローバル化の進展は、もはや止めることはできません。日本社会のさらなる多文化化は、疑いようがありません。言語・文化の異なる住民が増加するということは、地域にはこれまで以上に多様で複雑な問題が起こってくるということです。自治体施策として外国人相談事業を充実させていく必要性は、今後ますます高まってくるものと思われます。

　しかし、自治体においては、そうした認識はあったとしても、多文化社会に関する知識も経験もノウハウもない状況において、どのように相談事

業を展開したらいいのかとの困惑の声が聞こえてきそうです。

　そこで、外国人相談を実施する際の必要最低限の知識として、事業実施の要点や外国人が抱える問題の背景、そして相談に多く寄せられる問題の解決に向けて、知っておくべき法律や制度に関する専門用語について、本にまとめることで相談事業のレベルアップに貢献できればと考えました。

　執筆者は、弁護士、行政書士、社会保険労務士、労働相談員、精神科医、臨床心理士、心理カウンセラー、社会福祉士、ジャーナリスト、企業コンサルタント、研究者等で、その多くが1990年代から長年外国人相談、もしくは外国人支援の活動に携わってきた専門家です。現場での経験をベースに「これだけは知っておきたい基礎知識」として執筆にあたりました。

　一方で、外国人相談は、住民施策として自治体が実施主体となるべきではありますが、言語・文化的な問題や在留資格に象徴される外国人特有の問題解決には、専門的な知識・技能を持つ人材が必要とされるがゆえに、自治体単独で実施できるものではありません。自治体、国際交流協会、専門家、市民ボランティアなどが、それぞれの強みを持ち寄って連携・協働することで、初めて相談事業が機能するといえます。また、多文化共生社会実現のためには、むしろ様々な人・組織が連携・協働することにこそ意義があると言えます。

　そうした意味で、この本が、現在外国人相談に取り組んでいる、もしくは、これから外国人相談事業を始めようと検討されている自治体や支援団体のみならず、外国人支援に携わっている専門家、通訳者、また日常的に外国人と接点を持ち、相談を受けやすい立場にいる日本語教師や日本語ボランティア、留学生の受け入れに関わっている全てのみなさんの何らかのお役にたてれば幸いに思います。

　　　　　　　　　　　　　　　　　　　　　　　（杉澤　経子）

これだけは知っておきたい！　外国人相談の基礎知識

目次

序　多文化社会と外国人相談 …………………………………………………… i

第1部　外国人相談の全体像

1　外国人相談の現状と課題 ………………………………………………… 3
2　運営体制 …………………………………………………………………… 7
3　担い手──外国語相談員・通訳・コーディネーター ……………… 13
コラム　実践の現場　大規模災害時の体制をどうつくるか
　　　　　　　　　　　──東日本大震災の経験から見えてきたもの── ……… 26

第2部　分野別基礎知識──問題解決に向けて

1章　分野別背景理解と対応する専門家

1　法律 ……………………………………………………………………… 33
2　くらし──仕事　福祉　教育
　　　仕事 …………………………………………………………………… 44
　　　コラム　実践の現場　外国人社員の雇用形態 ……………………… 56
　　　福祉 …………………………………………………………………… 58
　　　教育 …………………………………………………………………… 69
3　こころの医療 …………………………………………………………… 78
コラム　実践の現場　相談心得8カ条 …………………………………… 86

2章　公的な専門機関

1　法律
　　　法テラス・弁護士会・日本弁護士連合会 ………………………… 88
2　くらし──仕事　福祉　教育
　　　労働基準監督署・労働相談情報センター ………………………… 92
　　　ハローワーク・外国人雇用サービスセンター …………………… 93
　　　福祉事務所・社会福祉協議会 ……………………………………… 94
　　　配偶者暴力相談支援センター・婦人相談所・女性センター … 97
　　　児童相談所・一時保護所・児童養護施設 ………………………… 99
　　　保育所・幼稚園・子育て支援センター …………………………… 102
　　　保健所・保健センター ……………………………………………… 104
3　こころの医療
　　　精神保健福祉センター ……………………………………………… 106
4　外国の機関
　　　大使館・領事館 ……………………………………………………… 107

第3部 これだけは知っておきたい 50 の専門用語

1. 国籍・無国籍・重国籍 …………………………………… 110
2. 国籍の取得・国籍の喪失・帰化 ………………………… 112
3. 在留資格・査証・旅券 …………………………………… 114
   - **まめ知識** 在留資格一覧表 …………………………… 116
4. 戸籍・住民票・在留カード・特別永住者証明書 ……… 119
   - **まめ知識** 外国人登録証明書 ………………………… 122
5. 技術・人文知識・国際業務、高度専門職、技能、経営・管理 …… 123
6. 日本人の配偶者等・永住者・定住者・特別永住者 …… 128
7. 留学・研修・技能実習・特定活動 ……………………… 132
   - **まめ知識** 外国人による介護 ………………………… 135
8. 難民・庇護希望者・移民 ………………………………… 136
9. 就労資格証明書・資格外活動許可 ……………………… 139
10. 在留資格の取得・在留資格の変更・在留期間の更新 … 141
11. 退去強制・出国命令・出国・再入国許可 ……………… 144
    - **まめ知識** みなし再入国許可 ………………………… 146
    - **まめ知識** 退去強制と出国命令手続の流れ ………… 147
12. 在留特別許可・再審情願 ………………………………… 148
13. 保釈・仮放免 ……………………………………………… 150
14. 警察官・検察官、入国警備官・入国審査官 …………… 153
15. 逮捕・勾留、拘留 ………………………………………… 155
16. 起訴・不起訴・起訴猶予 ………………………………… 156
17. 被疑者・容疑者、被告人・被告、(犯罪)被害者 …… 160
18. 弁護人・付添人・当番弁護士 …………………………… 162
19. 実刑・執行猶予 …………………………………………… 164
20. 婚姻・内縁・婚約 ………………………………………… 166
21. 実子・養子・特別養子 …………………………………… 169
22. 嫡出子・非嫡出子 ………………………………………… 171
23. 協議離婚・調停離婚・審判離婚・裁判離婚 …………… 172
    - **まめ知識** 日本の裁判所 ……………………………… 175
24. 親権・監護権 ……………………………………………… 177
25. 養育費・婚姻費用 ………………………………………… 179
26. 慰謝料・財産分与 ………………………………………… 181
27. 相続・遺言・遺留分 ……………………………………… 183
28. 症状固定・後遺障害・逸失利益 ………………………… 186
29. 倒産・破産 ………………………………………………… 188
30. 労働契約 …………………………………………………… 190

31	請負・委託・派遣	192
32	退職・解雇・雇止め	194
33	起業	196
34	所得税・住民税・確定申告	197
35	雇用保険	200
36	労災保険	201
37	健康保険・年金	203
38	生活保護・社会手当	205
39	義務教育・学齢・転入・編入	208
40	適応指導・日本語指導・母語支援	210
	まめ知識 特別の教育課程	213
41	高校進学・大学進学:入試の特別措置・入試の特別枠	214
42	外国人学校・インターナショナルスクール・民族学校	217
43	医療保護入院・措置入院	220
44	精神科(神経科)・心療内科・神経内科・脳外科	222
45	精神病・神経症	224
46	精神障害・知的障害・発達障害	228
	まめ知識 自立支援医療費の公費負担制度	230
47	DV・セクシュアルハラスメント	231
48	性的虐待・児童虐待・いじめ	233
49	インフォームドコンセント	235
50	カルチャーショック・異文化ストレス	238
	多言語相談窓口一覧	240

重版にあたって 249

索引 252

◆ (→○○) の読み方 ◆

この本全体を通して、文章中に、例えば「大使館(→p○○)」、「国籍(→**1**)」のような表記が随所に出てきます。これは、この本の第2部2章の「公的な専門機関」、第3部の「専門用語」に、その言葉の解説があることを意味しています。

具体的には次のように読み替えて活用してください。

- 「大使館(→p107)」:→の後の数字は頁数です。その頁に「大使館」に関する説明がありますので参照してください。
- 「国籍(→**1**)」:→の後の数字は、第3部の専門用語の番号です。第3部の1の項目に「国籍」に関する説明がありますので参照してください。

第1部

外国人相談の全体像

外国人相談とは

　グローバル化する国際社会の動きとともに、日本に暮らす外国人が増加していくことは疑いようがありません。公共サービスの担い手である自治体は、外国人に対しても日本人と同様に平穏に日々の暮らしが営めるよう施策を講じる必要があります。その基盤となる施策が、外国人相談事業です。

　外国人が日本に暮らす際に抱えやすい基本的な問題は、言語・文化が異なることによって、行政情報のみならず様々な情報へのアクセスが難しいという点にあります。そのことは、例えば家族の問題や労働上のトラブルなど生活面での問題が起きた時などに、日本の制度・法律にアクセスすることができず問題が潜在化してしまい、顕在化した時には大きな問題となり、かえって社会的コストが増してしまうということを意味します。

　在住外国人が抱える生活全般の問題に一義的に対応するのが、外国人相談事業です。外国人が何でも相談できる窓口があることによって、外国人が抱える問題が見えてくれば、必要に応じて情報提供ができますし、個々に問題に対応できる組織・機関につなぐこともできます。さらに、問題を未然に防ぐ手立てとして新たな事業を企画・立案できるだけでなく、行政に対する政策提言にもつながっていくでしょう。そうした意味で、外国人相談事業は、自治体における外国人住民施策の入り口とも言えます。

　第1部では、外国人相談の現状と課題を概観した上で、主に「自治体」や「国際交流協会」[1]において、外国人相談事業は自治体施策としてどのように位置づけられるのか、また、言語・文化の差異や制度上の不備など、外国人特有の問題に対応できる体制を作るにはどうしたらいいのか、さらに、外国人相談事業を実施するにはどのような専門人材が必要で、その際に市民ボランティアはどのような役割を果たせるのかなどについて述べます。

1　名称は、「国際交流協会」「国際センター」「国際協会」など様々ですが、ここでは自治体が国際化政策推進のために設置した団体を「国際交流協会」と総称します。正確な数字は把握されていませんが、現在全国に300〜400程度あると思われます。

1　外国人相談の現状と課題

(1) 相談に訪れる「外国人」とは

　外国人相談窓口には、どのような人々がやってくるのでしょうか？　外国人相談ですからその対象は「外国人」と考えられますが、それでは、「外国人」とはどのような人を指すのでしょうか？　日本の国籍法4条1項には、「日本国民でない者（以下「外国人」という）は、帰化によって、日本の国籍を取得することができる」とあり、出入国管理及び難民認定法2条2号の「外国人」の項には、「日本の国籍を有しない者をいう」とあります。つまり、国籍（→**1**）の有無によって外国人と日本人に区別されるということです。

　しかし、実際に相談に訪れるのは、外国籍の人だけではありません。もちろん外国籍の人が多いことは言うまでもありませんが、中国帰国者や外国で生まれ育って帰国した児童・生徒、在日韓国・朝鮮人で帰化（→**2**）した人々は、日本国籍は持っていても、言語や文化、民族的アイデンティティの問題など、様々な悩みを抱えてやってきます。また、非正規滞在のまま日本で結婚して、子どもをもうけたにもかかわらず出生届を出せなかった人や、難民（→**8**）申請をしている人の中にも証明書類がないため無国籍状態の人もおり、そうした人々も外国人相談の対象となります。さらに国際結婚・離婚の相談では、配偶者である日本人が相談にやってくることもあります。

　このように外国人相談における「外国人」とは、国籍による問題だけではなく、言語・文化的な差異によって起こる様々な問題を抱える人々ということになります。

(2) 外国人の抱える問題～都内リレー専門家相談会の実績から

　それでは、外国人相談には、実際にどのような問題が寄せられるのでしょうか？

東京では、都内を巡回する「都内リレー専門家相談会」[2]が実施されています。開始した最初の2002年度は、都内9カ所での実施でしたが、徐々に会場が増えて、近年では年18回程度実施されています。この相談会の特徴は、弁護士、行政書士、精神科医、臨床心理士、社会保険労務士、社会福祉士、教育相談員など、多分野の専門家（→p33, 59, 70, 78）と多言語の通訳者が待機して、どんな相談にもその場で対応できるワンストップ型の機能を持っていることです（→相談の具体的流れはp16）。無料で通訳付き、しかも多分野の専門家のアドバイスが受けられるということで、多様な相談が寄せられています。

　2002〜2008年度の7年間の実績を見てみると、来場した相談者数は、2160人で、その相談者に対応した専門家数は延べ2874人でした。単純に計算すると1人の相談者に1.3人が対応していることになります。つまり、1人の相談者に複数の専門家が対応しなければならないような、複雑な問題を抱えている人が増えてきている状況がうかがえます。相談の主な内容とその分野をみてみると、法律、教育、行政、こころの医療の4分野に整理することができます（**表❶**）。

表❶　相談の内容と分野

主　な　内　容	分　野
在留資格、国籍、賃金不払い、解雇、労災、損害賠償、交通事故、遺言、相続、離婚、親権、医療過誤、起業　etc.	法律
子どもの教育、進学、いじめ　etc.	教育
生活保護、健康保険、年金、税金、住居、隣人トラブル　etc.	行政
こころの問題（アルコール＆薬物依存、幻覚・被害妄想　etc.）	こころの医療

　また、各分野の相談比率を見ると、最も多いのが法律に関わる問題で約7割に上り、教育、行政、こころの医療で残りの3割を占めます[3]。その

2　都内リレー専門家相談会は、都内の自治体、国際交流協会、NPOの支援団体、専門家団体など、40の団体で構成されるネットワーク組織「東京外国人支援ネットワーク」の主催で実施されています。詳細は、参考文献（p22）にある（杉澤2009）を参照。

内のこころの問題に関しては、実は相談者自身が問題に気づいておらず、相談をしている中で通訳者もしくは専門家が気づいて、こころの医療（→p78）につないだケースがほとんどです。それでも、**表❶**に挙げたような病名がつく精神疾患が発見されており、その率は、全体のおよそ3.2%に上ります[4]。言語・文化の異なるマイノリティには「異文化ストレス」（→**50**）という負荷がかかり、それが精神障害を引き起こす要因になると言われていますが、外国人相談を行う際には、こうした相談者自身に自覚がなく、潜在化している「こころの問題」にもアプローチし、対応できるよう体制を整える必要があります[5]。

(3) 多言語の通訳の必要性と課題

外国人相談の基本的な目標は、「外国人住民が日々の生活の中で抱える問題について、専門家から適切なアドバイスを得ることで、外国人自身がその問題を解決できるように支援すること」です。相談の多くは、文化的・言語的側面における誤解からくる問題がベースにありますので、そうした意味で、文化的・言語的背景を読み取りつつ、適切な通訳ができる知識と語学力を備えた通訳者の必要性は非常に大きいと言えます。

上記7年間の都内リレー専門家相談会においては、「こころの問題」に対応できる専門家が全ての会場に待機できたわけではありませんが、ほとんど全ての相談に専門家が対応できたと言えます。しかし、通訳については、いくつかの課題が見えてきています。

一つは、少数言語の通訳者の不足です。通訳が行われた実績では、利用者の多かった順に、中国語、英語、日本語、スペイン語、タガログ語、韓

---

[3] 2009年度以降の実績については公開されたものはありませんが、相談の内容や相談比率についてはほぼ同様の傾向にあると思われます。
[4] 7年間の専門家相談会全体において、こころの医療の専門家が配置されていたのは103会場中46会場ですので、全会場に専門家が待機していたとすると、その比率は単純に計算すると7%に上っていたと考えられます。
[5] 詳細は、参考文献（p22）にある（阿部2009）を参照。

国語、ロシア語、タイ語、ミャンマー語、インドネシア語、フランス語、ポルトガル語、ドイツ語、ベトナム語、ペルシャ語、アラビア語、モンゴル語、ベンガル語、タミル語、ヒンディ語、イタリア語、ウルドゥ語の22言語にわたっています。しかし、実際には毎回の相談会に待機している通訳者の言語数は、せいぜい10言語といったところですので、少数言語を母語とする相談者の場合、通訳者がたまたまその会場にいたということでしかなく、ほとんどのケースは対応ができていないのが実情です。英語や中国語など大言語の通訳ボランティアは各団体に多数登録していますが、少数言語の通訳者は都内全域で1、2名という場合もあり、母語での対応ができない相談者には、第2言語としての日本語やその他の外国語で対応することになります。

　しかし、ここで問題なのは、先に述べたとおり最近はこころの病を抱えた相談者が増えていることです。こころの問題を抱えている時は、母語でさえ相談者の言語能力は落ちると言われています。母語による通訳の必要性は、相談の内容が深刻になればなるほど高くなるのです。

　二つ目は、通訳ボランティアの力量の問題です。相談にはそれぞれ国家資格を有しているか、その分野での教育を受け、かつ長年の経験を有した専門家が対応しています。それに対して、都内リレー専門家相談会に参加している通訳者は、全員がボランティアです。ボランティアとは、自らの意思で公的活動に参加している人のことで、この場合、中には通訳・翻訳を本業としている人もいますが、大多数は、語学力がチェックされるわけでもなく、専門家のアドバイスを通訳するために求められる各分野の専門知識が十分に研鑽されているわけでもありません。事実、これまでの相談活動において、相談者から「通訳者を替えてほしい」「自分の日本語の方がまし」というような訴えが寄せられたこともありますし、また、専門家の方からも「あの通訳は使えない」と指摘を受けたこともあります。せっかくの専門家のアドバイスが相談者にきちんと伝わっていかなければ、問題解決の道筋が失われてしまいます。

「自治体」もしくは自治体が設置した「国際交流協会」が、外国人住民施策として外国人相談事業を実施するのであれば、通訳に関するこれらの問題・課題を認識しつつ、多言語対応体制をどう構築するのかを検討する必要があります。

2　運営体制

(1) 自治体施策における位置づけ

　自治体では、外国人住民の増加にともなって、日本語教室の設置や交流事業など様々な取り組みが行われるようになりました。それでは、外国人相談事業は自治体施策においてどのように位置づけられるでしょうか？

　2012年7月に施行された改正住民基本台帳法30条の45において、「日本の国籍を有しない者のうち次の表の上欄に掲げるものであって市町村の区域内に住所を有するもの（以下「外国人住民」という。）に係る…」と、自治体において外国人は住民であることが法律で初めて規定されました。これによって、在留資格を持たない外国人が締め出されてしまうという状況が生じる一方で、中・長期に滞在する外国人住民は、住民基本台帳（→4）に記載され、日本人住民と同様に等しく行政サービスを提供されることが保障されることになったのです。

　移民に対する「自治体行政サービス」にかかわる政策の1つとして、言語学者の庄司博史氏は「多言語政策」の必要性を述べています[6]。その形態については、「書類や申請書、案内、広報など各種活字情報の多言語への翻訳、地図や案内の多言語表示、通訳サービス、多言語による各種相談制度」を挙げています。また、言語政策を専門とする河原俊昭氏は、「外国人が理解できる言語を用いて、必要とされる情報を伝達する」行政サービスを、「言語サービス」と定義し、言語サービスの具体的な内容につい

6　詳細は、参考文献（p22）にある（庄司2005）参照。

ては、地方自治体がその担い手の中心となるべきであるとして、以下の8項目を提示しています[7]。

① 災害・事故・緊急医療など緊急事態に関する言語サービスを提供すること
② 相談窓口を提供すること
③ パンフレットやホームページを通して生活情報を提供すること
④ 多言語での公共の掲示、道路標識、案内標識を充実すること
⑤ 観光案内を充実すること
⑥ 司法通訳を提供すること
⑦ 日本語教育を提供すること
⑧ 外国人児童への母語保持教育を提供すること

また、総務省は2006年に、報告書「多文化共生の推進に関する研究会～地域における多文化共生の推進に向けて～」において、「地域における多文化共生推進プラン」を発表しました。その中の「コミュニケーション支援」の「地域における情報の多言語化」の項目では、「外国人住民の生活相談のための窓口の設置、専門家の養成」を挙げており、相談窓口の設置とともに外国人住民への対応を行う専門家の養成を、また「生活支援」の「今後必要な取組」の筆頭項目として、「より専門性の高い相談体制の整備と人材育成」の必要性を指摘しています。

このように、自治体(国際交流協会も含む)には、日本語だけでは外国人住民に必要な情報が届かないという、情報格差の問題を是正するための施策が求められています。すなわち、外国人住民に対する「多言語政策」や「言語サービス」、「コミュニケーション支援」や「生活支援」として、外国人相談事業を位置づけて、その実施および充実を目指していくことが期待されます。

7　詳細は、参考文献(p22)にある(河原2007)参照。

(2) 相談窓口における多言語対応のあり方

　それでは自治体において、どのように外国人相談事業を展開していけばいいでしょうか。

　これまで述べてきたように、外国人相談の内容は複雑・多様化してきています。したがって、外国人相談窓口では、相談者の問題の内容を的確に把握し、解決のための情報を提供できること、そして専門家の相談が必要な場合には、適切な組織・機関につなげられる体制づくりが大切になってきます。そのためには、外国語ができるだけでなく、一定の専門知識を有するスタッフ（相談員）を配置する必要性が出てきます。

　しかし、基礎自治体においては、財政的な問題もあり、多言語にわたる多数のスタッフを雇用するには限界があります。また、外国語相談員が雇用されていたとしても、一般的に外国語ができればだれでもその言語の通訳、もしくは相談に対応できるとの思い込みがあるようで、スタッフに専門性が問われているわけでもありません。さらに、ボランティアだけに相談窓口の運営を任せている自治体も少なくありません。ある自治体の担当職員に話を聞いたことがありますが、「外国人からの相談はほとんどありません。相談があった時にはボランティアに通訳してもらっています。それで十分です」と言っていました。その自治体に暮らす外国人住民は4000人に上っていましたが、それらの外国人住民はほとんど問題を抱えていないと本当に言えるのでしょうか。もし相談しても言葉が通じなかったり、通じたとしても適切なアドバイスが得られなかったりしたら、相談者は再びその窓口に相談するでしょうか。

　では、自治体の財政が逼迫する中において、増加する外国人住民に対して、自治体は、どうしたらきちんと機能する外国人相談窓口を設けることができるでしょうか。

　早い段階から多言語による相談事業を実施している東京都の武蔵野市国際交流協会では、専門性を持った職員が相談事業を担当しています。その専門職員と通訳ボランティアがタイアップすることで8言語で対応できる

「多言語相談・情報提供窓口」が行われています。相談活動は対面と電話で行われていますが、その際の通訳ボランティアの役割は、外国語で相談の内容を聞きとって専門職員にその内容を伝え、そして専門職員からの回答を相談者に通訳するというものです。この場合、通訳ボランティアは、相談者の話を「きく」ことが重要な役割となりますので、同協会では、相談窓口で活動する通訳ボランティアを「リスナー」と呼んでいます。

このように専門職員が一人いれば、通訳ボランティアは安心して活動に参加できますし、相談者にとっても適切な情報やアドバイスが得られることになり、結果として持続可能な多言語対応窓口が設置できることになります。

(3) 広域ネットワークの必要性

基礎自治体の相談窓口における多言語対応については、どんなに多くの市民ボランティアと協働したとしても、カバーできる言語数は限られており、特に少数言語については、ほとんどカバーできていないのが現状です。この点については、むしろ都道府県・政令指定都市レベルの広域自治体において少数言語に対応できる相談員を配置し、基礎自治体のバックアップ、もしくは基礎自治体との連携において、広域での多言語対応体制を構築するのが合理的と考えられます。

広域自治体である埼玉県では、埼玉県国際交流協会に委託して、「外国人総合相談センター埼玉」を設置しています。ベトナム語など少数言語を含む8言語の外国語相談員を配置し、入国管理局、弁護士会、社会保険労務士会と連携することによって、専門家につなげられる体制を構築しています。電話での対応がメインですので、埼玉県のみならず県外の外国人からも利用されています。

このような広域での多言語対応の必要性については、外国人住民の立場からも言うことができます。それは、相談の内容が複雑かつプライベートな問題になればなるほど、相談者は身近な人に知られたくないと思い、自

分が暮らしている自治体から遠方、もしくは守秘義務が課せられる専門家が対応してくれるところに相談に行きたいと思うのが自然だからです。

都内リレー専門家相談会に訪れた相談者の居住地を見てみても、半分から三分の二の人が主催自治体の居住者ではありませんでした。こうした相談者の実情を踏まえるならば、広域で多言語対応の体制を作ることは、利用者である外国人住民のアクセスしやすさという観点から重要です。事業の運営においては、広域ネットワークの視点が欠かせないということです。

こうした広域自治体における相談窓口の多くは、「地域国際化協会」[8]（→p240 多言語相談窓口一覧）によって運営されていますが、埼玉県などを筆頭に、対応できる言語数は、9言語が最多というのが実情です[9]。全国に190を超える国・地域出身の外国人が暮らしている現状から言えば、不十分と言わざるを得ません。しかし、例えばミャンマー語やペルシャ語といった少数言語については、通訳ができる人材が全国的にもごく少数に限られており、広域自治体においてでさえ人材の獲得は難しいのが現状です。こうした状況においては、さらに全国レベルで人材を共有する仕組みが必要となります。三者間で通話ができるトリオフォンや、映像を介してインターネット上で会話ができるスカイプなどを使っての「遠隔通訳」を活用した多言語対応体制を全国レベルで構築することが、今後の課題と言えるでしょう。

(4) 専門団体との連携・協働の必要性

自治体における外国人相談において、多言語対応の体制づくりが重要であることは、これまで述べてきたとおりです。そのうえで求められるのが、必要に応じて専門家のアドバイスが受けられる体制づくりです。

8　都道府県、政令指定都市が設置し総務省の認定を受けた「国際交流協会」で2016年度現在全国に62設置されています。
9　『平成28年度地域国際化協会ダイレクトリー』のうち「4 事業内容別一覧」参照
　　http://www.clair.or.jp/j/multiculture/association/rliea_directory.html

最近では、こうした専門家との連携の必要性に対する認識は高まってきています。地域国際化協会の 2016 年度における「相談業務（相談員や専門家による）」[10] の実施状況によると、全国 62 の地域国際化協会のうち、恒常的に相談窓口が設置されている団体は 53（85％）、専門家と連携して相談に対応している団体は 39（63％）ありました。ほとんどの団体が弁護士会および行政書士会との連携によるものでしたが、東京を含む 7 団体で「こころの問題」にも対応できるよう臨床心理士等の専門家との連携がなされていました。

　ただ、いずれも専門家の相談を日常的に受けられる体制にはなっていません。最も多いところで週 3 回、臨床心理士が嘱託員として待機して、こころの問題に対応している団体があるほかは、ほとんどが、月 1、2 回から年 1、2 回、相談会形式で実施されているという状況です。

　弁護士や精神科医などの専門家を、外国語相談員のように職員として配置することは非現実的です。例えば、都内リレー専門家相談会のように、イベント型ではあっても年間 18 回程度行うことにより、外国人利用者にとっては 2〜3 週間に 1 回程度、専門家の相談が受けられる体制とするか、埼玉県のように相談窓口に寄せられた相談を適宜専門家につなぐ体制とするのも一つの方法かも知れません。

　また、前述した武蔵野市国際交流協会や、法務省が立ち上げた「外国人総合相談支援センター」[11] では、月 1、2 回予約制の専門家相談が実施されていますが、こうした団体が横に連携し、都内リレー専門家相談会とつながれば、外国人にとっては専門家相談の機会が年間を通してより多く保障

10　注 9 に同じ
11　国が策定した「犯罪に強い社会の実現のための行動計画 2008」には、「多文化共生を可能とする社会基盤の整備」の 1 つとして「総合相談窓口の設置による外国人に対する生活支援の実施」が掲げられ、これを受けて法務省がその具体的施策として立ち上げた相談窓口で、民間団体に委託し運営されています。2012、2014、2015、2016 年度は受託団体である特定非営利活動法人国際活動市民中心（CINGA）によって、無料の専門家相談が実施されています。

されることになります。いずれにしても、各自治体の事業担当者や外国語相談員は、日常から専門家もしくは専門団体、また他の外国語相談窓口と連携できるようネットワークを作っておくことが大切と言えるでしょう。

ただし、現状では、外国人住民特有の問題に対応できる専門家はそれほど多くはありません。専門家につないでも適切なアドバイスが受けられない場合には、いわゆるたらいまわしにされてしまうケースも散見されますので、外国人の問題に対応できる専門家かどうかを確認する必要があるかも知れません。

3 担い手―外国語相談員・通訳・コーディネーター

これまで述べてきたように、外国人相談事業は、相談窓口においての情報提供と専門家相談の2つの活動に大きく分けられます。いずれの場合にも、通訳の役割が大きいこと、そして、多様な人、組織・機関との連携・協働が重要であることを指摘してきました。では、こうした外国人相談事業の担い手として、どのような人材が求められるでしょうか。

ここでは、実際に現場で活動している外国語相談員、通訳、コーディネーターについて、そのあり方を整理しておきたいと思います。

(1) 外国語相談員の専門性―「きく」(聞く・聴く・訊く) 力と倫理

社会の周縁に置かれ問題を抱え込んだままどこに相談したらいいのかわからずにいる外国人は、全国に相当数いると考えられます。自身が暮らす地域に設置されている外国語相談窓口にアクセスすることさえ難しいとすると、外国人当事者が直接専門家にアクセスすることはさらに難しくなります。それでも、専門家相談会には多くの相談者が訪れています。外国人は、どのようにして専門家相談にたどりついているのでしょうか。

2013年度の都内リレー専門家相談会においては、アンケートに回答した相談者169人のうち、「役所・国際交流協会を通して」が77人と最も多

く、次いで「家族・友人から」が26人、「日本語教室や支援団体などのボランティアから」が22人となっており、この3つで全体の7割以上を占めていました[12]。その他「インターネットで探して」という外国人もいましたが、この結果からわかることは、多くは身近な人・機関からつなげられてくるということです。

　そうした意味で、自治体や国際交流協会の外国語相談窓口は、問題解決へのアクセスポイントとしてその存在意義は非常に大きいと言えます。だとするならば、外国語相談窓口では単に地域情報や行政情報の提供ができるだけでなく、そこから問題解決につなげていくという意味で専門機関への橋渡しの役割が重要となります。

　長野県上田市の「外国人総合相談窓口」の事例では、ポルトガル語相談員が配置されており、相談に対して適切な対応がなされていました[13]。寄せられる相談の8割は、市役所内、または他の組織・機関への同行通訳によって処理されていました。同行通訳の場合、その前提として、外国語相談員がまずは相談者の話をよくきき、問題を整理し、問題解決につながる部署や組織・機関を判断することになります。そして、同行した先で専門家と相談者の二者間の通訳を行うことによって、問題解決を支援しているのです。上田市の例からは、話をきき、適切な専門家につなげ、二者間の通訳をすることが外国語相談員の重要な役割ということができます。

　こうした役割を果たすためには、外国語相談員は、一定以上の語学力とともに、日本に暮らす外国人が置かれている立場や背景の理解、問題解決につながる組織・機関などに関する情報、そして専門家との通訳をするためには日本社会の制度に関するある程度の専門知識を身につけている必要があると考えられます。また、相談の内容を把握するためには、外国語相

12　都内リレー専門家相談会では、最初に通訳者が相談者から簡単な聞き取りをしていますが、その中の1つにどこから情報を得たかという項目があります。数字は東京外国人支援ネットワークの会議資料から筆者が集計したものです。
13　詳細は、参考文献（p22）にある（杉澤2013）参照。

談員は、相談者の困った、苦しい、辛いという感情を受け止めるために共感的に「**聴く**」[14]、事実関係を正確に把握するために「**聞く**」、そして、相談者が気づいていない問題にもアプローチするためにさらに情報を引き出すために「**訊く**」[15] 技能なども習得している必要があります。

　このように、少なくとも、自治体や地域国際化協会の外国語相談窓口に配置される外国語相談員には、高い語学力、外国人の背景理解、日本の制度に関する専門知識、「**きく**」技能を含めた通訳技能、そして相談者のプライバシーに配慮する守秘義務など倫理的な側面など（→ p86 相談心得8ヵ条）において、高い専門性が求められることになります。

(2) 専門家相談における通訳者の役割

　自治体や国際交流協会など公的な相談窓口において、相談者が抱えている問題が専門家のアドバイスを要すると判断される場合には、例えば、弁護士会や福祉事務所など適宜専門機関へと橋渡しが行われます。ただ、近年では相談の内容が複雑多岐にわたってきており、多分野の専門家のアドバイスが必要な相談も増えてきています。

　東京では、自治体や国際交流協会の外国語相談窓口に寄せられた相談のうち、専門家相談が必要と思われる場合は、多くは直近に行われる都内リレー専門家相談会に紹介されていきます。

　専門家相談会ではどのような通訳が行われているのかを、紹介しておきましょう（**図1**　フローチャート「**相談の流れ**」参照）。

　①相談者が来場すると、受付が相談者から使用言語を聞き、その言語の通訳者を呼んで「相談票」（p23〜25 見本参照）を手渡します。相談者と通訳者が一緒に相談ブースに入ります。

　②通訳者は次のように「ヒアリング」を行います。

　相談票には「私は通訳ボランティアです。専門家ではありません」、「秘

14　カウンセリングなどで行われる「傾聴」と同義。
15　ファシリテーション技能としての「対人関係のスキル」でもあります。

図❶　フローチャート「相談の流れ」

① 受付 → 通訳者をマッチング

② 通訳者によるヒアリング → 通訳者が相談票に記入

③ 専門家相談（通訳者は2者間の通訳）← コーディネーターが専門家をマッチング

相談終了 → 専門家が相談票に記入

④ フィードバックミーティング

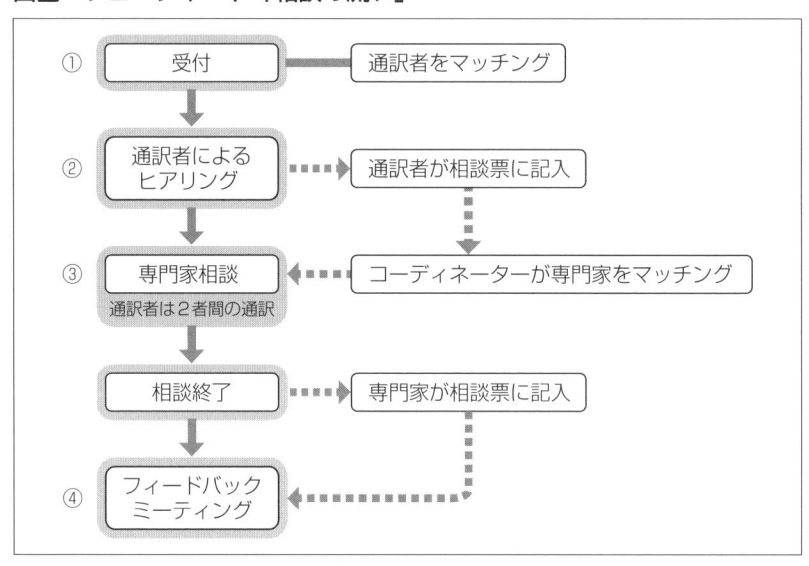

密は守りますので、安心して相談してください」など通訳者が最初に伝えるべき内容が記載されていますので、それを見ながら通訳言語で伝えます（サイト・トランスレーション）。その後、相談者から在留資格の種類など基本事項を**聞き**、そしてどんなことに困っているのかを**聴き**、どの分野の専門家につなげるのかを探るため相談の内容を**訊き**とって、「相談票」に記入していきます。この「ヒアリング」は、自治体等の外国語相談窓口で、外国語相談員が相談の内容をききとって、問題を整理していく行為と同じです。

　③通訳者は、コーディネーターに相談の内容を伝え、専門家が決められると一緒に相談ブースに入ります。専門家が相談にあたる時には、通訳者は専門家と相談者の二者間の通訳を務めます。

　④相談会が終了すると、その都度「フィードバックミーティング」といって、相談会に参加した全ての専門家と通訳者が一堂に会して、その日の相談会の内容について振り返りを行っています。例えば一人の相談者に

対して法律の専門家とこころの医療の専門家では、専門が違えば当然アドバイスも異なってきます。運営に携わったメンバー全員が相談の内容を共有することは、一人の外国人が抱える問題を多面的に理解することにつながります。

専門家相談において、通訳者に期待されることは、言語・文化面の専門家として情報を提供することです。相談の内容は同じであっても、国や文化・習慣の違いによって価値観や物の考え方、感じ方は異なります。時には文化的背景からくる理解の違いが問題解決の障壁になることもありますので、そうした文化的背景を読み解くことも、言語・文化面の専門家として通訳者に求められる役割となります。

(3)「相談通訳」の重要性と活動領域

これまで述べてきたような外国人相談窓口の外国語相談員や、専門家相談会において各分野の専門家と相談者間の通訳を行う通訳者は、外国人相談の現場で必要な専門性を有する人材であり、「言語的マイノリティを通訳・翻訳面で支援することによって、ホスト社会につなげる橋渡し役」と定義される「コミュニティ通訳」[16]と捉えることができます。

悩みがあってもどこに相談していいかわからない、相談できたとしても言葉・文化の違いが障壁となり、真意が伝わらないといった状況は、外国人が日本社会から孤立していく大きな要因と考えられます。そうした言語・文化的マイノリティである外国人住民を、通訳・翻訳面で支援するということは、日本社会から孤立しがちな外国人を日本社会の制度や地域コミュニティにつなげることであり、日本社会への「橋渡し役」として重要です。

コミュニティ通訳の専門領域は、都内リレー専門家相談会の相談内容の分析から見えてきた分野からもわかるように、司法（法律）、医療（ここ

---

16 コミュニティ通訳に関しては、参考文献（p22）にある（高橋2009）、（水野・内藤2015）など、現在様々な議論がありますが、ここでは東京外国語大学多言語・多文化教育研究センターの定義を用います。詳細は、参考文献にある（杉澤2013）参照。

ろの医療）、行政、教育の4分野ですが、特に様々な相談に対応する外国語相談窓口においては、「ヒアリング」を通して問題の所在をつきとめ、専門分野に橋渡す「相談通訳」が4分野を横断する重要な分野として加わります（図2）。したがって、「相談通訳」には、「法律・行政・教育・医療（特にこころの医療）に関する基礎知識」[17]のほか、「相談通訳」のためのスキルや倫理を学び、さらに実践をとおして実践知を形成していることが期待されており、自治体等が実施する外国人相談事業には、「相談通訳」の専門性が担保された人材の配置が望まれます[18]。

図2　相談通訳の専門領域

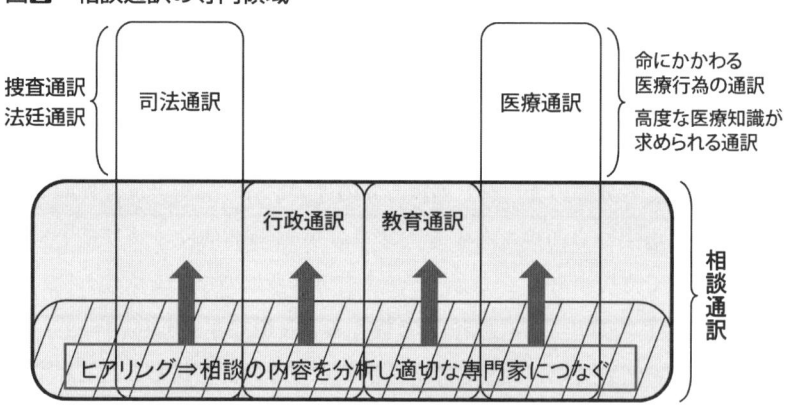

```
捜査通訳        司法通訳                    医療通訳      命にかかわる
法廷通訳                                                   医療行為の通訳
                                                          高度な医療知識が
                                                          求められる通訳

              行政通訳  教育通訳                           相
                                                         談
                                                         通
                                                         訳
        ヒアリング⇒相談の内容を分析し適切な専門家につなぐ
```

　また、「相談通訳」の活動領域を専門性を横軸に、日常性を縦軸に位置づけると、専門的領域における日常から非日常にわたる広い範囲をカバーしていることがわかります（図3）。一人の外国人が抱える問題を多面的、包括的に支援できるという意味において「相談通訳」としての力量を有する人材の必要性は高いと言えます。

　なお、各自治体では、通訳ボランティアのための研修が行われています

17　本書では第2部、第3部で「相談通訳」のための基礎知識を網羅しています。外国人相談に携わる事業担当者等も本書にある知識は身に付けておく必要があります。
18　参考文献（p22）にある（関・阿部・指宿・杉澤・内藤・広津2016）を参照。

図❸ 「相談通訳」の活動領域

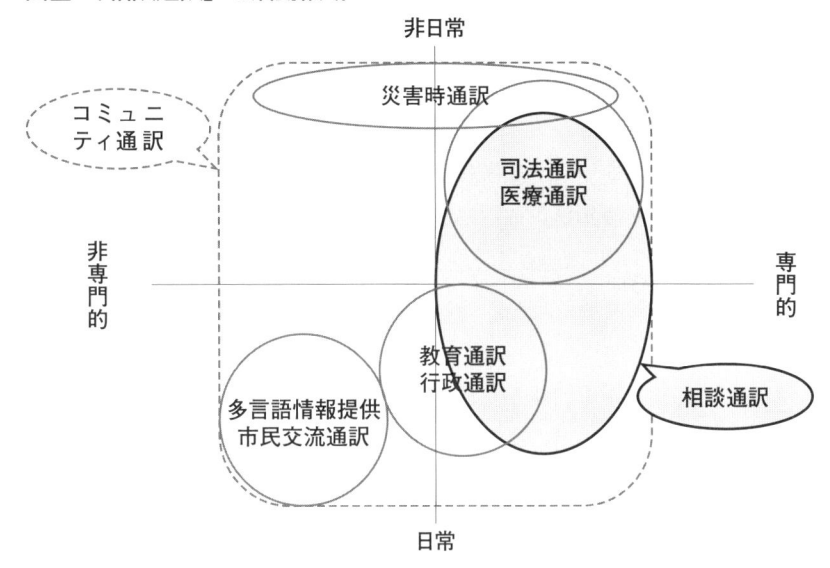

```
                        非日常
                         │
        ┌────────────────┼────────────────┐
  ╱ ╲   │      ╭─────────┼─────────╮      │
 コミュ  │     (      災害時通訳      )    │
 ニティ  │      ╰─────────┼─────╭───╯      │
 通訳   │              ╭──┼────┴╮          │
  ╲ ╱   │             (  司法通訳 )        │
        │             ( 医療通訳  )        │
 非    ─┼──────────────╲─┼─────╱──────────┼─ 専門的
 専     │              ╱  │    ╲           │
 門     │     ╭──╮   ╱   ╭┼──╮  ╲          │
 的     │    (    ) (  教育通訳 )╲__╭─────╮│
        │    (多言語 )( 行政通訳 )  (相談通訳)│
        │    (情報提供)╲    │   ╱   ╰─────╯│
        │    (市民交流 )╲   │  ╱            │
        │     通訳   ╲ ╰───┼─╯             │
        │     ╰──╯         │               │
        └──────────────────┼───────────────┘
                          日常
```

が、研修等で「相談通訳」の役割や態度・マナーについての知識は学べたとしても、通訳に最も必要な語学力やスキルに関しては、あくまでも自己申告に過ぎないという点で、ボランティアは必ずしも専門的力量を備えているとは言えず、留意が必要です。

(4) 通訳ボランティアの活動のあり方

「日本語教室を紹介してください」「〇〇語が通じる病院を教えてください」「外国人の子どもを受け入れてくれる幼稚園はありますか」など、生活上の情報や、もしくはイベントや文化施設の利用法など、地域情報や行政情報の提供については、内容が伝わればよいので、やさしい日本語の活用も含めて、ある程度の語学力があれば役割を果たすことができます。その場合は、外国語能力や専門知識が担保されているかどうかはそれほど問題にはなりません。こうした多言語情報提供や、市民同士の交流が円滑にできるよう支援するといった活動については、地域情報の共有や活動の留意

点などある程度の研修を受けた通訳ボランティアに担ってもらうのが現実的です。市民同士の交流を通して、多文化共生の地域づくりが進むよう、むしろ積極的に通訳ボランティアを活用すべきと言えます。

　一方で、専門家相談のように、専門的なアドバイスが正確に伝わらないと問題解決に至らないような場合には、外国人に関する背景理解、日本の諸制度に関する基礎知識、通訳技法、倫理などを学び語学力が担保された通訳者、つまり、「相談通訳」としての専門教育を受けており、その上で専門性が担保（認定等）された専門職が対応するのが適切といえるでしょう。

　しかし、こうした専門職が対応すべき活動についても、通訳ボランティアがその役割を担っているのが現状と言えます。その場合には、通訳ボランティアは、一定の研修を受けた上で、自身の力量が足りないと思われる時には、自身の判断で活動を辞退するという態度を養うことも重要です。

　参考までに、通訳ボランティアと専門職の活動の目安については、**表❷**に整理しました。なお、表中、○は十分対応できる活動、△は活動をするのであれば、一定の語学力がありかつ活動をするための研修を受ける必要がある、という意味です[19]。

表❷　通訳ボランティアと専門職の活動の目安

活動内容	求められる通訳のレベル	ボランティア	専門職
地域情報の提供 市民レベルの交流の通訳	おおよその内容を伝えられる	○	○
行政・教育など制度面の情報提供	内容を正確に伝えられる	△	○
相談対応 専門家と相談者間の通訳	相談者の思いを受け止め、問題を適切に把握できる 専門家のアドバイスを正確に伝えられる	△	○

19　「一定の語学力」と書きましたが「相談通訳」に求められる語学力についてはまだ定まったものがありません。今後一定の基準が設けられていく必要があります。注18の文献参照。

(5) コーディネーターの必要性と役割

　外国人相談事業の運営には、通訳者以外にも専門的人材が必要です。例えば精神疾患を抱える相談者が増えてくると、外国語相談員の負担が重くなり、逆に相談員が精神的ダメージを被るケースが報告されていますが、そのバックアップ体制としてメンタルケアの仕組みを作ったり、また、多様な市民の参加を促し活動を推進するために、ボランティア向け研修プログラムを開発したり、適切な事業づくりのために調査をしたりというように、事業担当者には通訳者とは異なる専門的知見が求められます。相談事業の全体を俯瞰しつつ、専門家を含む多様な人材が参加する事業として企画立案し、協働による事業運営を推進する役割がコーディネーターです。外国人相談事業担当者には、コーディネーターの役割を果たすための専門的力量が求められます。

　外国人相談事業は、多様な人材・多様な組織との連携・協働・ネットワークによる運営があってこそ機能すると言えます。そうした意味では、コーディネーターの配置こそが事業成否の鍵を握るといってもいいかも知れません。

　なお、筆者は東京外国語大学で、専門職としての「多文化社会コーディネーター」の養成に取り組んでおり、そうした専門的教育を受けたコーディネーターについて、一定の力量があるかどうかを客観的に評価するための認定制度の検討も行っているところです。多文化社会コーディネーターの力量が担保されることによって、外国人相談事業の質も担保されていくものと期待しています。

（杉澤　経子）

参考文献

阿部裕, 2009,「『こころ』の壁―精神科医の立場から―」『シリーズ多言語・多文化協働実践研究　別冊2　外国人相談事業―実践のノウハウとその担い手―』, 東京外国語大学多言語・多文化教育研究センター

河原俊昭, 2007,「外国人住民への言語サービスとは」『外国人住民への言語サービス』, 河原俊昭・野山広編著, 明石書店

庄司博史, 2005,「多言語政策」『日本の多言語社会』, 真田真治・庄司博史編, 岩波書店

杉澤経子, 2009,「外国人相談　実践的考察―多言語・専門家対応の仕組みづくり」＆「連携・協働による専門家相談会の実務と運営」『シリーズ多言語・多文化協働実践研究　別冊2　外国人相談事業―実践のノウハウとその担い手―』, 東京外国語大学多言語・多文化教育研究センター

杉澤経子, 2013,「問題解決に寄与するコミュニティ通訳の役割と専門職養成の取り組み」『シリーズ多言語・多文化協働実践研究16「相談通訳」におけるコミュニティ通訳の役割と専門性』, 同センター

関聡介・阿部裕・指宿昭一・杉澤経子・内藤稔・広津佳子, 2016,「外国人法律相談における通訳人の認定制度に関する研究報告書」, 日弁連法務研究財団研究第108号（https://www.jlf.or.jp/work/kenkyu.shtml）

髙橋正明, 2009,「通訳の役割―コミュニティー通訳の視点から―」『シリーズ多言語・多文化協働実践研究　別冊2　外国人相談事業―実践のノウハウとその担い手―』, 同センター

東京外国語大学多言語・多文化教育研究センター, 2010,『シリーズ多言語・多文化協働実践研究　別冊3　多文化社会コーディネーター――専門性と社会的役割』, 同センター

東京外国語大学多言語・多文化教育研究センター, 2013,『シリーズ多言語・多文化協働実践研究16「相談通訳」におけるコミュニティ通訳の役割と専門性』, 同センター

水野真木子・内藤稔, 2015,『コミュニティ通訳―多文化共生社会のコミュニケーション』, みすず書房

見本 （特活）国際活動市民中心（CINGA）提供

(特活)国際活動市民中心・専門家相談会

| 相談番号 | ブース |

相　談　票

《受付》

相談日：　　　　　年　　　月　　　日

相談言語：　　　　　　　　　　語

通訳ボランティア：　　　　　　語

メモ：受付から　　　　　　　　　へ

《マッチング係》

1 弁護士・行政書士・労働相談員・社労士・臨床心理士・精神科医・社会福祉士

2 弁護士・行政書士・労働相談員・社労士・臨床心理士・精神科医・社会福祉士

3 弁護士・行政書士・労働相談員・社労士・臨床心理士・精神科医・社会福祉士

メモ：専門家マッチング係から　　　　　　　　　　　へ

ヒヤリング：通訳ボランティアが記入

ヒヤリング開始時間：＿＿＿＿時＿＿＿＿分

通訳から相談者に伝えること

- わたしは通訳のボランティアで専門家ではありません。
- 今日来ている専門家は、弁護士や行政書士など法律の専門家、精神科医師、保険や労働問題の専門家です。必要に応じてアドバイスをしますので何でも相談してください。
- 専門家に相談中、わからないことがあったら、遠慮なくわからないと言ってください。
- 専門家と相談する前にいくつか質問をします。もし言いたくなかったら言わなくても構いません。
- 相談票に記入しますが、今日の相談で専門家が利用するものです。もし引き続き専門家が相談に乗る場合にも利用します。また外国人のための相談活動を改善するための資料として利用する場合もあります。しかし専門家は皆さんの秘密を守る法律上の義務を負っていますし、私たち通訳ボランティアも同様に、第三者に相談内容を漏らすことは絶対にありませんので安心してください。

氏名（フリガナ）：	性別：男／女　国籍（出身地）：
問題の当事者ですか？　はい／いいえ（誰かの代理で来た）→　当事者との関係は？	
在留資格：　　　　　　　　　　在留期限：	
日本で暮らして何年になりますか？（*代理の場合、当事者について訊ねること。）	
この相談会をどこで知りましたか？：1 新宿外国人総合相談支援センター　2 東京入国管理局　3 チラシ　4 周辺の飲食店　5 国際交流協会など　6 区／市役所　7 日本語教室　8 家族／友人から　9 ボランティア団体（　　　　　）10 新聞／雑誌／ラジオ（　　　　　）11 その他（　　　　　）	
今までに、弁護士などと相談したことがありますか？　ある（どこで？　　　　　）ない	
あなたの相談したいことは何ですか？	

ヒヤリング終了時間：＿＿＿＿時＿＿＿＿分

3 担い手—外国語相談員・通訳・コーディネーター

相談： 専門家が記入

専門家_____　　相談開始時間：_____時_____分

相談内容：

(1) 在留資格・ビザ・旅券　　(2) 結婚・離婚・家族等　　(3) 労働・賃金・解雇等　　(4) 保険・年金

(5) 税金　(6) 交通事故・損害賠償　　(7) 借金・貸金・保証　　(8) 住居・不動産　　(9) 国籍・帰化

(10) 医療・健康・心理相談（　　　　　　　　）　(11) 子ども・教育・学校　(12) 対人トラブル

(13) 刑事・犯罪・警察　(14) その他（　　　　　　　　）

処置：必要であれば、相談者の住所_____電話_____

相談は今日で　終了　/　下記を紹介

◆弁護士事務所（　　　　　　　　　　　）◆法テラス（　　　　　　　）

◆区/市役所(　　　　　　)　◆労基署 / 労働相談情報センター/ 職安（　　　　　）◆大使/領事館

◆病院（　　　　　　　　）◆シェルター　◆その他（　　　　　　　　　　）

再相談の可能性　あり　/　なし

相談終了時間：_____時_____分

コラム

実践の現場

大規模災害時の体制をどうつくるか
―東日本大震災の経験から見えてきたもの―

どう情報を伝えるか

　東日本大震災（2011年3月11日）では、多くの外国人も被災しました。外国人住民のおかれていた状況の一端は、東北の地元紙河北新報（2011年6月28日付）からも読み取ることができます。そこには、フィリピン人妻たちが津波にのまれ亡くなったことが、「『避難』言葉の壁厚く隣人の存在命運分ける」の見出しで掲載され、「高台に避難してください」との防災無線のアナウンスの日本語が理解できなかったこと、近所づきあいがなかったため手を差し伸べる人がいなかったことが、命を落とした原因と分析されていました。

　これは、災害時において言語・文化の異なる人々に対して、どのように情報を提供するのかという問題提起であるとともに、日常生活において地域の人びととの人間関係を作っていくことが、いかに大切かを示唆するものでもありました。

情報レベルの見極め

　マグニチュード9.0の大地震に大津波、加えて福島原子力発電所の事故が重なった3・11においては、特に原発事故による放射能に関する錯綜した情報が世界を駆け巡り、一時的に出国を希望する外国人が再入国許可（→11）を求めて入国管理局に殺到する事態を招くなど、多くの外国人をパニックに陥れました。こうした状況に対応すべく、各地域では国際交流協会において、また、NPOなどでも多言語での情報提供活動が行われました。

　東京外国語大学多言語・多文化教育研究センター（以下、センター）に

おいても、教職員や大学院生、OB・OGをメンバーとする「言語ボランティア」、またセンターで開講していた「多文化社会専門人材養成講座」の修了者のうち「コミュニティ通訳」として登録をしていた方々に、メーリングリスト上で声をかけ、後方翻訳支援体制を整えました。発災直後には仙台市から発信された住民向け災害情報を、その後全国レベルで必要とされた放射線情報と出入国に関する入管情報を、それぞれ放射線医学総合研究所、法務省入国管理局と連絡をとりながら、21言語に翻訳し、ホームページ上で提供するという活動を行いました。

　この経験からわかったことは、被災地の自治体から発災直後に出される情報は、電気・ガス・給水・下水道などのライフライン情報、がれき置き場や病院情報、交通情報など、翻訳の正確性というよりも迅速性が求められること、また地名やその場所の位置など地域特有の情報が多いことから、翻訳時には語学力というよりも地域情報に詳しい方が効率的であったのに対して、放射線情報などは正確性が求められたため、翻訳者の言語レベルはある程度担保されている必要があったということです。

コーディネーターの役割

　ただし、行政から出される情報については、言語レベルとは別に、行政制度に関する知識もしくは外国人住民を巡る特有の問題に関しての知識や経験がなければ適切な翻訳はできません。例えば「避難所」を直訳しただけでは、学校等が、寝泊まりができたり救援物資を得られたり支援を受けられる場所になることを理解していない外国人には、「避難所」がどういう所なのかが伝わったことにはなりません。日本人向け情報をそのまま直訳すれば伝わるということではないため、まずは外国人住民に必要と思われる情報をピックアップし、だれが翻訳しても内容が伝わるような翻訳原稿を準備する必要があります。その役割を担うのがコーディネーターです。

　また、もう1つコーディネーターには重要な役割があります。センターで災害直後に多言語翻訳体制を即座に築けたのは、日常的な活動を行うた

めの言語ボランティア登録制度やコミュニティ通訳登録制度があったからです。こうした緊急時に機能するシステムを、日常において構築しておくのもコーディネーターの役割です。

市民の役割

　センターにおける翻訳活動は3週間にわたって行われましたが、実際のところ、21言語も必要だったのか、また被災外国人にどれだけ役に立っていたのかは検証のしようもありません。こうした大規模災害時には、そもそもだれがどのように被災しているのかを即時に把握することは困難です。だからこそ、あらゆる被災者を想定して、人道的な見地から、可能な限り多言語化した情報を提供する必要があると考えるしかありませんでした。

　「放射線被曝に関する基礎知識」を多言語で配信した時のことです。外国人が原発事故に大変な不安を抱えている時に、母語の情報を見つけ助けられたといって、何人もの日本人からお礼のメールを頂戴しました。翻訳者が確保できれば、ウェブ上にいくらでも多言語情報を提供することはできますが、そのこと自体を外国人当事者自身が知らないことの方が多いのが実情です。この時は、地域の日本語教室で活動している日本語ボランティアや、職場の同僚など身近にいる人が、まさしく多言語情報のつなぎ手の役割を果たしたのです。

専門人材の必要性

　震災1カ月近く経った4月以降の生活復旧時になると、様々な専門家が手を差し伸べました。日本弁護士連合会は、三者間電話（トリオフォン）を活用した多言語法律相談（センターからは14言語の通訳者が協力をしました）を、多文化間精神医学会のメンバーは、現地を訪れて外国人のこころの支援活動を行いました。こうした専門家による支援活動には、専門家と当事者間のコミュニケーションを支援する通訳者は当然必要です。し

かし、そうした支援者をマッチングする制度や、専門家による支援情報を当事者につなげられる人・機関がなければ、せっかくの専門家の志も無駄になってしまいます。この時に、そうしたつなぐ役割を果たしたのが、国際交流協会など日常的に外国人を対象にした事業を実施している団体でした。センターが、発災直後に災害情報の翻訳活動を行うことができたのも、被災外国人への情報提供役を担う仙台国際交流協会（現仙台観光国際協会）とのネットワークがあったからです。

　その後、3.11の教訓を得て、総務省では、「多文化共生の推進に関する研究会」において「災害時の多言語情報提供」をテーマに検討が行われ、報告書が公表されました。その中で「災害時には、災害多言語支援センターの運営を担うことができ、外国人住民に必要な情報・支援を支援主体との間でコーディネートできる専門的な人材が不可欠」と専門的人材としてのコーディネーターの必要性がうたわれました。まさしく3.11において、様々な支援リソースを現場につなぎ機能させた国際交流協会やその職員の担った役割が、コーディネーターとしての役割でした。

住民同士の人間関係づくりこそ重要

　このように、災害時における多言語情報提供活動および専門家による支援活動には、通訳・翻訳者とともにコーディネーターが必要不可欠であること、そしてそうした情報を当事者につなげられる一般住民の存在の重要性が浮かび上がってきます。

　一方で、災害時に機能する支援体制づくりには、日常的な活動を通しての多言語通訳・翻訳者の育成や、コーディネーターによる広域でのネットワークづくりが大切である以上に、言語・文化の異なりによる差別や偏見を乗り越えた「多文化共生」に向けた日常活動を促進することによって、緊急時に手を差し伸べ合える住民同士の人間関係づくりが重要であると言えるのではないでしょうか。

（杉澤　経子）

第2部

分野別基礎知識
——問題解決に向けて

2章の「公的な専門機関」の解説部分の読み方

冒頭の部分は、外国人相談者に説明するための必要最小限の解説です。

本文の解説部分は、通訳者のほか、相談事業に携わる全ての人に理解しておいてほしい基礎知識です。

法律・くらし・こころの医療──専門家はどう対応しているか

　第1部において、外国人の抱える問題は、大きくは法律、教育、行政、こころの医療の4分野に分けられると述べました。

　一方で、外国人相談者の立場から見ると、この4分野は、在留資格や訴訟に発展するような問題については「法律」分野、日常の暮らしの中で起こる仕事や教育、福祉に関わる分野を「くらし」の分野、また相談者自身が自覚しづらい「こころの医療」の3分野に分けることができます。

　第2部では、外国人から相談を受けた時に、どの分野のどのような専門家につなげれば問題解決に貢献できるのかが分かるよう、相談者目線での3分野（法律、くらし、こころの医療）において、相談の背景にある問題や実際にどのような相談に対して、どのような専門家がどのように対応しているのかについて、法律、くらし（仕事・福祉・教育）、こころの医療の専門家が解説します。

　第1章では、「分野別背景理解と対応する専門家」として、法律、くらし（仕事・福祉・教育）、こころの医療の問題の背景に何があるのか、また、そうした問題に対応できる専門家は誰なのかについて説明します。

　第2章では、法律、くらし、こころの医療の3分野において問題が生じた時に、どこに相談に行けばいいのかがわかるよう「公的な専門機関」としてまとめました。それぞれの機関・施設について解説します。

　なお、外国人相談の場合、外国語で対応ができるかどうかが外国人がアクセスしやすい窓口となる重要な要素となります。第3部の最後（p240）には、多言語相談窓口を設けている「地域国際化協会」の一覧を、また外国語対応をしているその他の専門機関を民間団体も含めて掲載していますので、合わせてご参照ください。

　なお、非正規に滞在している人は、「不法滞在者」ともいいますが、本書では「非正規滞在者」と表記しました。

1章 分野別背景理解と対応する専門家

1 法　律

1　「外国人法律相談」とは

　そもそも「法律相談」と一言で言っても、その定義には幅があります。
　法律問題が相談内容となっている場合を指すこともあるでしょう。しかし、実際に相談内容を聞いてみると、法律問題というよりは、人生相談、健康相談といった色彩を帯びた内容であることも少なくありません。むしろ、相談担当者が法律専門家である場合の相談を、「法律相談」と定義する方が、実態に合う印象です。
　また、「外国人」という部分もまた、実は多義的です（→p3）。本来であれば、国籍を切り口にして「外国人＝日本国籍を有しない人」と単純に定義したいところですが、実際に世の中で行われている「外国人」相談は、むしろ日本語が母語ではない（場合によっては通訳の用意を必要とする）相談を「外国人」相談という枠組みに含めている場合も多いことに、留意が必要です。

2　法律相談の担当専門家

　では、法律相談担当者として予定される「法律専門家」とは、どのような人達でしょうか。

(1) 弁護士

　法律専門家として、一般の人が真っ先に思い浮かべるのが「弁護士」だと思われます。確かに、弁護士の業務は弁護士法によっておよそ全ての法律問題を対象としており、この種の専門家の中で最も広い守備範囲をカバーしています。そのためもあって、社会的にも法律専門家の典型として認知されているところです。

　とはいえ、とりわけ近時は、法律専門家を標榜する専門職は、弁護士に限られません。

(2) 司法書士

　「司法書士」は、不動産の権利に関する登記又は供託手続の代理、登記又は供託に関する審査請求手続の代理、裁判所・検察庁・法務局に提出する書類の作成、成年後見人や不在者財産管理人、相続財産管理人等の財産管理などの業務を行う資格です。また、認定を受けた司法書士は、簡易裁判所（簡裁）における訴訟代理業務等も行うことができます。

　特に弁護士過疎が顕著であった時代には、地方都市においては、実質的に弁護士の役割を司法書士が代替する傾向が見られましたが、近時はむしろ、弁護士業界と司法書士業界との業務範囲を巡るせめぎ合いの方が顕著です。外国人法律相談の分野にも、一定程度司法書士の進出が見られます。

(3) 行政書士

　「行政書士」は、官公署に提出する書類（電磁的記録を含む）及び権利義務・事実証明に関する書類の作成・提出を代理し、加えて、当該書類作成に伴う相談に応ずることを業とする資格です。行政書士の業務範囲も徐々に拡大傾向にあり、2014年に成立した改正行政書士法でも、行政不服審査の代理業務を中心に拡大が定められ、隣接業種とのせめぎ合いが激しくなっています。

　外国人に関連しては、入管法に定める在留資格関連の手続について、「申

請取次（しんせいとりつぎ）」業務が認められていることから、外国人法律相談に関しては司法書士よりもむしろ頻繁に担当する状況にあります。

(4) 弁理士

「弁理士」は、特許、実用新案、意匠、商標などの代理業務を行い、またこれに関連して一部訴訟等の代理権も有します。近時は、外国人が日本で起業（→*33*）する事例が少なからず存在し、弁理士に対する相談事項も一定数存在すると思われるものの、常設相談窓口や相談会において弁理士が配置されている例はほとんど見られないことから、外国人が弁理士に相談する場合は、特許事務所等における個別相談がほとんどだと思われます。

(5) その他

外国人の法律相談分野は多岐にわたることから、上記4種類の法律専門職のほか、社会保険労務士や公認会計士・税理士など、多種多様な専門職が外国人法律相談にかかわる場合がありますが、一般的にはあらゆる専門家を外国人法律相談の場において網羅的に用意することは現実的ではないので、これらの専門家に対しては、相談者による個別のアクセスが中心となります。

3　法律相談の場所と形式

実際に法律相談をしたいと思った時、相談者はどこに行くでしょうか。

大きく分けると、①常設あるいは定期的な法律相談場所として設定されているところでの相談、②臨時に法律相談会のような形で設定されているところでの相談、③個別の法律事務所等での相談、④収容施設その他相談者の所在場所における出張相談——といった形態が一般的であり、相談者はその中から選択してアクセスすることになります。

これまでは①②③に分類される形式が多かったのですが、近時は④につ

いても先進的な取り組みが発生しつつあります（この点については、バリア・フリー化の一環としての「アウトリーチ」方式として後述します）。

4　法律相談の費用

　弁護士の場合、弁護士会の報酬基準が廃止されたこともあって、個別相談においては、現在は各弁護士が自由に法律相談料を設定しています。とはいえ、廃止前の弁護士会報酬基準において「30分間5000円＋消費税」程度との基準が示されていたこともあり、現在でも多数の弁護士がこの基準を準用しているのが実情ですし、弁護士会の主催する相談の多くで、この基準が使われています（→p90）。なお、債務整理を専門に行う弁護士や若手弁護士を中心に、初回相談は無料としている例も相当数発生してきており、多様化が進んでいるとも言えます。

　相談料を支払うことが困難な外国人相談者の民事法律相談のうち、日本に住所を有し、適法に在留する外国人（総合法律支援法30条参照）については、法テラス（日本司法支援センター）（→p88）の民事法律援助の適用を受けることができます。他方、日本に住所を有しない、あるいは適法に在留しない外国人相談者の場合は適用外なので、この場合には日本弁護士連合会（日弁連）（→p88）が自主財源で運用している法律援助制度を利用して相談料の確保を行うのが通常です。いずれの制度でも、結果としては相談者は自己負担なく法律相談ができます（なお、この場合には、通訳料についても援助がなされるので、通訳費用の自己負担もありません）。

5　外国人法律相談のニーズとバリア

　以上、いわばオーソドックスな外国人法律相談の現状について概観してきましたが、外国人相談希望者から見れば、まだまだ相談を利用しにくい面が残ります。

そこで、改めて、外国人相談についてどのようなニーズがあり、どのようなバリア（障壁）があるか、見ておきたいと思います。

(1) ニーズ

冒頭で述べたとおり、そもそも「外国人」と言っても、実は様々な定義が存在しますが、ここではひとまず「日本国籍を有しない者」（入管法2条2号）と定義しておきます。つまり、日本国籍を有しない外国籍者や無国籍者がここでの対象ということになります。

このような意味での外国人の権利保障の状況を、日本人のそれと比較すると、

① いわゆるマクリーン事件最高裁判決（1978年）[1]以来の実務で、憲法や国際人権法ではなく、入管法こそが事実上の人権制約原理となってしまっていること

② 具体的な事件処理に当たっても入国・在留・退去強制等の入管手続がしばしば大きな影響を及ぼすこと

③ 日本語や日本の制度理解においてハンディキャップを負っている者が多数を占めること

といった点が、その特性としてあげられます。

上記の特性からすると、一般に外国人は脆弱な条件の下に置かれていると言え、権利侵害の対象者となりやすいと考えられます。したがって、その救済へのアプローチとしての法律相談のニーズも、相当程度大きいものということができます。

---

1 最高裁大法廷1978（昭和53）年10月4日判決。「憲法第3章の諸規定による基本的人権の保障は、権利の性質上日本国民のみをその対象としていると解されるものを除き、わが国に在留する外国人に対しても等しく及ぶ」と判示しながら、他方で、「外国人に対する憲法の基本的人権の保障は、外国人在留制度の枠内で与えられているにすぎないと解するのが相当」と判示したことから、後者の判示部分がその後いわば一人歩きし、むしろ外国人の人権制約原理として30年以上にわたって引用され続けています。

(2) バリア

ところが、このようなニーズへの対応を阻む「バリア」(障壁)が、外国人法律相談には存在します。

そもそも、「法律」相談自体に、一般市民の相談者から見ても様々なバリアが存在するところですが(**表❶のア**)、「外国人」相談となると、そのバリアが倍に増えるという実情があるのです(**表❶のイ**)。

表❶ 「外国人」「法律」相談の二重のバリア[2]

ア)「法律」相談のバリア	イ)「外国人」相談のバリア
a1) 法律用語・制度がわかりにくい。	a2) 日本語の日常会話はできても、法律相談レベルの日本語には対応できない相談者も多い。 a3) 加えて、本国と日本の制度のギャップが原因で、制度理解が困難になったり、誤解を生んだりすることが多い。 a4) 通訳を付すとしても、通訳人に法律用語と法律制度に関する最低限の知識が要求される結果、通訳人の確保と通訳レベルの確保が困難である。
b1) 弁護士など相談先へのアクセスがしにくい。	b2) 前記のとおり、通訳人へのアクセスも容易ではない。 b3) そもそも在留資格がない相談者は、職務質問を恐れて、相談場所にアクセスすることすら困難である。
c1) 相談費用が高額である。	c2) 通訳・翻訳費用の負担も問題である。
d1) 社会の発展に伴って、法律問題が複雑化・高度化・特殊化・深刻化しており、適切・有効な回答及び解決を得ることが容易ではない。	d2) 加えて、入管問題(在留資格等)が絡んで、問題が複雑化することが多い。 d3) 加えて、準拠法(日本法か外国法か)や管轄(日本の裁判所か外国裁判所か)の問題が絡んで、問題が複雑化することが多い。
e1) 法律問題以外とも結びついて問題が複合化しており、法律相談では解決が容易でない。	e2) 法律以外の専門家へのアクセスも、言語的バリア等により、困難な場合が多い。

このように、大きなニーズがありながら二重のバリアが存在する「外国人法律相談」においては、特にその障害の除去、すなわち、「バリア・フリー」化の要請がとりわけ大きいと考えられるのです。

2 　拙稿「外国人相談における2つの壁―弁護士の立場から―」(東京外国語大学多言語・多文化教育研究センター『シリーズ多言語多文化協働実践研究/別冊2』63-72p)より抜粋した上で、調製。

6　バリア・フリー化の一環としての「アウトリーチ」

　上述した障害の除去、すなわち、外国人法律相談のバリア・フリー化に向けて、各地で様々な試みがなされているところではありますが、近時はアウトリーチ手法（和風に言えば「出前」といったイメージでしょうか…）によるバリア除去の試みが目立ってきています。

　とりわけ、入管収容施設に収容されている外国人や、空港等に留め置かれている外国人、あるいは、遠隔地にいるなどして移動困難な外国人は、リーガルサービスへのアクセスが困難です。

　したがって、従来型の法律相談の場所や方式にこだわることなく、法律相談担当者側から積極的なアウトリーチを試みてバリアを除去する必要が非常に大きい、と考えられます。

　このような観点に立って、入管収容施設に収容されたり空港に留め置かれたりしている外国人、その他移動困難な外国人を対象として、いわゆる「出張」相談の形式や「当番」形式、あるいは電話やスカイプ等を活用した「遠隔」相談方式などが、各地の弁護士会等において、順次実践されつつあります。

　外国人の手続場面は、入管手続の流れに従うならば、一般に、Ⅰ：日本に「入国・上陸」する段階⇒Ⅱ：「在留」している段階⇒Ⅲ：「出国・退去強制」段階と、整理することができます。表❷は、この手続段階別に、東京周辺におけるアウトリーチ方式による法律相談の実践例を整理したものです。

　ご覧いただけばわかるとおり、Ⅲ＝退去強制段階の被収容者外国人へのアウトリーチは、この数年で相当程度に実践が進捗し、主要な入管収容施設のほぼ全てが何らかのアウトリーチ対策でカバーされた状態にあると言えます。

　また、Ⅱ＝在留中の外国人に関しては、外国人が移動困難者ではないという前提で、都心部における通常の法律相談による対応が依然として中心

表❷ 外国人に対するアウトリーチ実践例の整理（東京周辺）

手続段階	手続	本人の所在地	所在場所、状態	アウトリーチ先具体例	アウトリーチ実践例			
					実施	内容	主体	備考
Ⅰ 入国・上陸	上陸手続	国際空港等	・空港入管の上陸審査室 ・空港内の出国待機施設等 ・その他	Ⅰa) 成田空港	×	—	—	具体的検討にまでは至らず
				Ⅰb) 羽田空港	△ 2012年度下期	空港当番弁護士	東京三会	試行のみで終了
				Ⅰc) その他の空港	×	—	—	全く白紙
Ⅱ 在留	在留手続	不特定	・移動困難者	Ⅱa) 自宅等	△ 2011年度下期	震災電話相談	日弁連、東京三会	遠隔通訳付き三者電話通話
			・東京都内各地	Ⅱb) 都内各自治体	○ 2002年度〜	持ち回り相談（都内リレー専門家相談会）	東京外国人支援ネットワーク	年間約20カ所で、持ち回り相談を実施（内1回を関弁連が主催）（→p4）
			・それ以外	Ⅱc) 弁護士事務所等	△ 2013〜14年度	スカイプを利用した遠隔通訳相談	東京外大、関弁連	弁護士と相談外国人が任意場所で面談、通訳はタブレット端末でSkype通話
Ⅲ 出国・退去強制	退去強制手続	収容施設等	・地方入管収容場 ・入国者収容所	Ⅲa) 東京入管収容場	○ 2009年度ころ〜	出張相談	東京三会	電話申込→弁護士出張面会
				Ⅲb) 東京入管横浜支局収容場	○ 2015年度〜	出張相談	横浜弁護士会	電話申込→弁護士出張面会
				Ⅲc) 東日本入国管理センター	○ 2010年度〜	出張相談	関弁連	手紙申込→弁護士出張面会
					○ 2011年度〜	一斉出張相談	関弁連／東京三会	年2回定期出張／各回上限約20件を一斉相談／所内事前申込受付
				Ⅲd) その他の入管収容施設	○各々	電話相談又は出張相談	各地の弁護士会	名古屋／大阪入管、西日本／大村入管センターで各実施中

日弁連＝日本弁護士連合会　関弁連＝関東弁護士会連合会
東京三会＝東京弁護士会・第一東京弁護士会・第二東京弁護士会

ですが、都内各地の居住外国人が少しでも近隣でアプローチできるように、各地持ち回りの相談会も定着しています。すなわち、相談者の居住地の最寄りへ相談担当者側が赴くという点では、やはりアウトリーチ方式の一種と分類できるでしょう。

これに対して、Ⅰ＝上陸手続段階の外国人へのアウトリーチは、これまでほぼ全くの手つかず状態でした。唯一、2012年度下期に東京の3弁護士会が東京国際（羽田）空港を対象に合同で試行した羽田入管当番弁護士は、初めてのアウトリーチの試みとして注目を集めたのですが、半年間の試行のみに止まっており、その後本格的な実施には至っていません。また、成田国際空港に関しては、法務省と難民関係のNPO「なんみんフォーラム」及び日本弁護士連合会とが連携して、空港到着直後の庇護希望者について、2012年度から収容代替措置（ATD：Alternatives To Detention）のパイロットプロジェクトを実施し、成田空港に留め置かれた外国人にNPO担当者や弁護士が出張して面会し、収容回避に向けた活動を行いましたが、これもアウトリーチ方式の一種と言えると思われます。

とはいえ、他の空港では試行例すら存在しないことも踏まえれば、Ⅰ＝上陸段階が、依然として手薄であることは否めません。

7　アウトリーチの受け皿——弁護士について

外国人事件に対して、以前は苦手意識を持つ弁護士が多かったものの、近時は若手を中心に業務として積極的に取り組む例も増え、受け皿となる弁護士数は増加傾向が著しくなっています。

具体的には、関東弁護士会連合会管内（関東甲信越＋静岡）では、外国人の人権問題を扱う関連委員会がここ数年で急速に整備され、ほぼ全ての弁護士会に関連委員会が存在する状態に至っています。さらに、この流れは全国へと波及しているところです。

また、外国人問題を取扱う弁護士の任意団体「外国人ローヤリングネッ

トワーク（LNF）」は、現在全国から1700人以上もの弁護士会員を集めて活動中です。

とはいえ、他分野の弁護士との情報共有は余り意識されていないと言えます。たとえば、刑事弁護の過程で外国人被疑者・被告人に関して入管関連の問題が発生しても、必ずしも外国人事件の受け皿となる弁護士に対して情報提供がされたり、連携・引き継ぎがなされたりする体制にはないという点では、まだ改善の余地が多いと言えるでしょう。また、行政書士や司法書士など隣接士業との連携も弱いと言わざるを得ません。

8　アウトリーチの受け皿——外部連携

アウトリーチの体制づくりには、弁護士が外部の公私の団体や個人と連携を進めることが欠かせません。とりわけ、言語的なバリアを除去するためには、通訳体制の構築が鍵となりますが、この点、東京においては、通訳派遣に関して東京外国語大学との連携例が近時増えつつあります。これは、連携の先進的な試みと評価できると思われます。

また、Ⅰ＝上陸やⅢ＝退去強制の場面に関しても、前述の成田空港のATDパイロットのように、シェルターを有するNPOと弁護士が連携し、受入先となる住居の用意について連携する例が増えつつあることも、やはり注目に値する実践例と言えるでしょう。

他方、行政との連携については、これまで弁護士と行政はもっぱら「対峙」関係にあったものの、前掲の表❷の入管収容施設の出張相談や空港当番弁護士試行にあたっては、法務省入国管理局や地方入国管理局からの必要な協力が得られつつあるなど、関係性に変化が見られます。また、仮放免申請（→**13**）にあたって弁護士が「協力申し出」した場合の有利な取扱いや、強制送還執行の際の代理人弁護士に対する事前告知といった内容について、日弁連と法務省入管局との間で申し合わせができるなど、行政との連携の素地は少しずつ形成されつつあると言えます。

9 アウトリーチに関する今後の課題と展望

　今後の課題としては、まず、他分野の弁護士や、民間団体、行政との連携をさらに深めていくことが挙げられます。

　また、弁護士費用を支弁できない外国人相談者や依頼者も多いという点に関しては、前述のとおり、現在は日弁連法律援助制度（外国人法律援助及び難民法律援助）を利用して弁護士費用と実費に充てる実践例が多いと思われます。しかし、その財源は弁護士会員の会費を中心に賄われていることから限界があり、出張相談についてはさらにコストがかかります。したがって、電話やスカイプなど経費節減策を積極的に採り入れる一方、中期的には法テラス（→ p88）の本来事業への取り込みが必要であると思われます。

　いずれにせよ、移動の負担とリスク（交通費負担や、外国人によっては出歩くことによる摘発のリスク）を考えると、スカイプ等を活用したバーチャルなアウトリーチによる相談をもっと積極的に実践することで、より多くの外国人相談者のニーズに応えられるのではないかと、個人的には考えています。

（関　聡介）

2 くらし —— 仕事　福祉　教育

仕事

1　外国人労働相談とは

　外国人雇用状況の届け出状況（厚生労働省調べ）によると、2016年10月の外国人労働者数は合法的就労者が約108万人、相当数が「不法就労」を行っていると考えられる「不法残留者」の約6万5200人（法務省調べ2017年1月現在）を加えると、115万人近くになります（なお、1996年の推計では合法的就労者が約37万人、不法残留者数が約28万人で、合計すると約65万人とされていましたので約20年で倍近くに増えています）。この数字には、不法残留者以外の資格外就労や不法入国等の外国人労働者は含まれていませんから、実際にはさらに多くの外国人が日本で働いていると考えられます。

　こうした日本で働いている外国人労働者からは、1980年代の後半以降さまざまな相談が寄せられています。外国人から実際にどのような労働相談が寄せられているのか、典型的な事例を幾つか紹介してみましょう。

　〔事例1〕1年前に勤めていた飲食店で未払いの賃金があるが、連絡せずに退職したという理由で、何度請求しても全く相手にされない（中国人）

　〔事例2〕英語教師をしているが、生徒が集まらないことを理由に約束していた賃金が支払われない（カナダ人）

　〔事例3〕仕事中の事故でケガをしたが、治療費は出してくれたものの、仕事ができないことを理由に解雇され、ケガが完治せずに働けない（ペルー人）

　このように外国人からの相談といっても、その内容は日本人労働者の相

談と変わりがありませんし、たとえ相手が外国人労働者であっても、労働相談としての対応は基本的に日本人労働者と異なるところはありません。日本国内の企業で働く場合には、日本の労働法が原則として適用されるからです。

憲法14条は法の下の平等を宣言し、人種等による差別を禁止しています。労働基準法（労基法）3条も、「使用者は、労働者の国籍、信条又は社会的身分を理由として、賃金、労働時間その他の労働条件について、差別的取扱いをしてはならない」としています。日本で働く外国人には、労基法はもちろん、最低賃金法、労働者災害補償保険法（労災保険法）、職業安定法、男女雇用機会均等法などの労働者保護法規が適用されます。

一方、日本政府は単純労働者の就労を原則として禁止し、出入国管理及び難民認定法（入管法）で規制しています。外国人は入管法で認められた在留資格（→3）の範囲内の活動しか認められず、在留資格の対象以外の活動は資格外活動として禁止されている結果、労働者保護法規の適用が形式的にはあったとしても、実質的には機能しないことがあります。すなわち、在留・就労資格のない外国人が働いた場合には、「不法就労」者（資格外就労者）として退去強制（→11）の対象となる一方で、労働法などが適用されないこともあります。したがって、外国人労働者の場合には、就労資格の有無、在留資格の内容や在留期間などを意識しつつ労働相談を行う必要があります。

また、就労資格の細目等が省令・通達や要領などで変更されることもしばしばありますので、そうした動向を熟知しているNPOや相談機関等に連絡をとりながら労働相談を進めることも大切です。

外国人の労働相談で、とりわけ重要なことは、適切な通訳の存在です。使用者とのトラブルは、意思疎通が不十分なことや文化・習慣の違いによる誤解などから、その多くが発生します。外国人労働者の出身国の文化や習慣を熟知している通訳が望ましいでしょう。

2　労働相談の機関

　労働問題は、多岐にわたる問題が複合的に絡み合っている場合が多く、加えて業種、企業規模、同僚・上司や使用者との関係、仕事との関わり方など、職場環境や労使の力関係によって、解決の方向性やその水準、内容が大きく異なってきます。したがって、労働法等の知識があるだけではなく、労働問題や労使関係に精通した人や組織に相談することが大切です。

　労働基準監督署（労基署）など公的機関もありますが、ユニオン・労働組合や労働NPOなど民間組織が、以下の**表❶**のように労働者の働く権利を守るために相談窓口を設けていますので、外国人労働者の相談内容や地域特性に応じてアクセスしていただきたいと思います。また、問題を具体的に解決するために、ユニオンなどに加入して会社と交渉するときには、組合費などの費用が必要になる場合があります。

表❶　「外国人労働相談」相談先一覧

■　専門NPO・弁護士団体		
移住労働者と連帯する全国ネットワーク	*1	電話：03-3837-2316
日本労働弁護団	*2	電話：03-3251-5363
全国労働安全衛生センター連絡会議	*3	電話：03-3636-3882
外国人技能実習生権利ネットワーク	*4	電話：03-3836-9061

■　労働組合関係		
日本労働組合総連合会〔連合〕	*5	労働相談フリーダイヤル：全国共通　0120-154-052
全国労働組合総連合〔全労連〕	*6	労働相談ホットライン：全国共通　0120-378-060
全国労働組合協議会〔全労協〕	*7	労働相談電話：0120-501-581
コミュニティ・ユニオン全国ネットワーク	*8	電話：03-3638-3369

*1：最寄りの外国人支援組織を紹介する
*2：労働問題に詳しい、近くの弁護士を紹介する
*3：最寄りの安全衛生センターを紹介する
*4：最寄りの外国人技能実習生支援組織を紹介する
*5：全国どこからでも近くの地方連合会につながる
*6：全国どこからでも近くの地域の労働相談センターにつながる
*7：近くの労働相談所につながる
*8：最寄りのユニオンを紹介する

3　外国人特有の問題

(1) 在留資格による就労制限

　日本に入国・在留する外国人は、原則として入管法に定めるいずれかの在留資格を持っている必要があります。この入管法の在留資格は、外国人の活動を類型化し、どのような活動類型であれば、外国人が入国・在留を認められるかを明らかにしています。具体的には、技術・人文知識・国際業務、技能（→5）といった「活動に基づく資格」と、永住者（→6）とその配偶者、日本人の配偶者（→6）、日系人など「身分・地位に基づく資格」に分かれており、「身分・地位に基づく資格」であれば、原則として就労は制約を受けません。日本の出入国管理行政は、この在留資格制度を基本にしています（→**3** まめ知識＝在留資格一覧）。

　また、日本は、専門的な技術、技能または知識を活かして職業活動に従事する外国人の入国・在留は認めますが、これら以外の外国人労働者（いわゆる「単純労働者」）の入国・在留は基本的に認めないという方針を堅持しています。さらに、在留資格のうち、活動内容から見て日本の産業および国民生活に影響を与えるおそれのあるものについては、法務省令で定める上陸審査基準に適合しなければ、日本への上陸を認めない扱いをしています。

(2) 在留審査

　外国人は、決定された在留資格によって認められている一定の活動を行うことができ、また在留資格に対応した在留期間の活動が保証されます。外国人は、原則として在留資格の範囲内であれば転職活動を自由に行うことができますが、勤務先等が変更となったときには 2 週間以内に地方入国管理局へ届出を行う必要があります。

　外国人が、本来の活動を行いつつ他の就労活動を行おうとするときは「資格外活動許可」（→9）、本来の活動を変更しようとするときは「在留資

格変更許可」(→*10*)、在留期間終了後も本来の活動を継続しようとする場合は「在留期間更新許可」(→*10*) を受けなければなりません。

　許可を受けないで資格外の就労活動を行った場合（資格外活動）は刑事罰の対象となり、さらに資格外の就労活動をもっぱら行っているときは、退去強制（→*11*）の対象となります。また、在留期間を超過して日本に在留した場合（オーバーステイ）も、退去強制および刑事罰の対象となります。

4　労働法・社会保障法の適用関係

　日本国内の企業で働く場合には、日本の労働法が原則として適用されることになっていますが、これは建前にすぎず、現実にはさまざまな理由から外国人の権利が制限されたり、あるいは権利行使そのものが困難になっています。問題の解決にあたっては、そうした制限や実際上の困難性を現実に払拭できるか否かが課題となります。

(1) 労働組合法・労働基準法・労災保険法など

　これらの法律には国籍要件がなく、外国人に対して在留資格の有無にかかわらず適用されます。ただし、労基署が「不法就労」者の存在を知ったときは、入管法 62 条 2 項の公務員の通報義務に基づいて、入管局に通報することも考えられます。なお、この通報については、労基署としての「本来の行政目的に十分留意しつつ」行うものとされており（1988 年 1 月 26 日付労働省労働基準局長・職業安定局長通達基発第 50 号・職発第 31 号）、保護を求めれば必ず通報されるという実務にはなっていない模様です。

(2) 雇用保険法

　雇用保険法にも国籍要件はありません。雇用保険（→*35*）は、従業員 5 人未満の農林水産業を除くすべての産業を対象として、労働者を雇用する事業所に適用されます。

しかし、厚生労働省は、就労資格に制限のある外国人労働者についても、1992年まで雇用保険への加入を閉ざしていましたし、資格外就労者については、現在もその適用を一貫して否定しています。

(3) 健康保険法・厚生年金保険法

健康保険・厚生年金保険（→**37**）は、適用事業所にあっては事業主や従業員の意思に関係なく必ず加入しなければならない保険です。

しかし、現実にこれらの保険に入っている外国人労働者は、そう多くはないのが実情です。その理由は二つあります。ひとつは、資格外就労者の保険加入の道を、厚生労働省が運用により閉ざしていることです。もうひとつは、多くの批判を受けて年金の「脱退一時金」制度を1995年に創設したものの、払戻金が低水準で、外国人にとっては事実上掛け捨ての感を拭いきれず、他方で使用者にとっても負担が重く加入を回避しがちであるという実態があるからです。

(4) 国民健康保険法

厚生省（現厚生労働省）は、1986年、被保険者の国籍要件を撤廃し、外国人であっても市区町村内に住所を有する者については、国民健康保険に加入できるようにしました。その後、外国人が多数来日するに及び、資格外就労者であっても、外国人登録を行い実態として1年以上日本に滞在している者については国民健康保険に加入できるという取り扱いが行われてきました。

ところが、1992年、厚生省（現厚生労働省）は、1年以上滞在できるかどうかについては入国時の在留資格で判断すべきであるとする通達を出し、資格外就労者や外国人芸能人など在留資格のない者や在留期間が1年未満の者の国民健康保険加入の道を閉ざしました。

その後、2004年1月に超過滞在者が国民健康保険へ加入する余地を認めた最高裁判決が出されると、同年6月8日に、厚生労働省は超過滞在者

を国民健康保険の適用除外とする省令を出し、その結果、超過滞在者の国民健康保険加入の道は閉ざされたままとなっています。

表❷　外国人労働者の類型別、労働・社会保障法の適用関係

	就労資格有 活動制限無（日系人等）	就労資格有 活動制限有（技術等）	就労資格無	特殊な労働者（不自由な労働者） 技能実習生	留学生	芸能人	家事使用人
労働組合法・労調法	◎	◎	△	◎	◎	◎	◎
労働者保護法（労基法・労安法・最賃法等）	◎	◎	△	◎	◎	×	×
労災保険法	◎	◎	△	◎	◎	×	×
雇用保険法	◎	◎	×	×	×	×	×
健康保険法・厚生年金法	◎	◎	×	◎	×	×	×
国民健康保険法	◎	◎	×	◎	◎	×	◎

〈凡例〉◎：適用　×：不適用
△：「不法就労」となれば適用、但し、強制退去の可能性あり
●：本来の研修活動には不適用だが、「不法就労」になれば適用（△に）

5　労働契約の準拠法・管轄

　外国人労働者が日本で働く場合に、日本以外で労働契約（→30）を締結したときには、どの国の法律が適用されるかが問題となることがあります。この場合には、法の適用に関する通則法によって判断されることになります。この法律によると、①労働契約において当事者が適用すべき地を選択した場合、法の適用に関する通則法7条により、その地の法が準拠法となります。次に、②労働契約において準拠法選択がなされなかった場合には、同法8条1項により、労働契約の最密接関係地法が適用されることになります。さらに、③労働契約において労働契約の最密接関係地法以外の法が選択された場合には、労働契約によって選択された地の法に加えて、同法12条1項により、「労働者が当該労働契約に最も密接な関係があ

る地の法中の特定の強行法規を適用すべき旨の意思を使用者に対し表示したときは、当該労働契約の成立及び効力に関しその強行法規の定める事項については、その強行法規をも適用する」こととなります。

しかし、実際に契約で準拠法が指定されている場合はそれほど多くなく、日本を労務供給地とする労働契約については、日本法が適用される場合がほとんどです。また、外国法を選択したときでも、同法12条1項の意思表示を行えば、解雇権濫用（労働契約法16条）、有期労働契約の途中解除（同法17条）などについては、日本法が適用されることになります。

なお、「準拠法」はどこの国の法律を適用するかという問題ですが、どこの裁判所で審理するかという「管轄」の問題については、民事訴訟法に特則があります（3条の4、3条の5）。

6　労働契約に関して

(1) 労働契約といわゆる不法就労

外国人が「不法就労」をしている場合でも、労働契約自体は有効であると考えられます。入管法の規定による在留資格に違反して就労しても、それは公法的な取締規定に違反したにすぎず、公序良俗に違反する行為として無効（民法90条）となるものではありません。法的地位の脆弱な「不法就労」者は劣悪な職場環境を変えることが困難であり、労基法などの労働法規が適用されて使用者の専横から積極的に保護されるべきであるということができるでしょう。

(2) その他の問題

① 労働契約の内容の不明確性

「活動に基づく資格」で就労している外国人労働者は、入管局に契約書の写しを提出する関係から、一般に労働契約書が作成されています。これに対し、日系人のような「身分・地位に基づく資格」で就労している外国

人労働者や合法的な就労資格のない外国人労働者は口約束で働くことが多く、契約内容が明確でない場合が大多数を占めているという問題があります。これ自体、労働契約の締結に際しての労働条件の明示義務（労基法15条）違反になりますが、契約の不履行を追及する場合には、契約内容を確定することが必要ですので、ここでも通訳が重要な役割を果たすことになります。

② **旅券の取り上げの逃亡防止行為**

技能実習生の場合が典型ですが、外国人労働者の逃亡を防ぐため、しばしば旅券（→**3**）を取り上げたり、前借金で拘束するということが行われています。これは強制労働禁止（労働基準法5条）に該当します。

③ **中間搾取・偽装請負**

専門的な技術・技能や知識を持つ外国人以外の外国人は、自ら就労先を探すのが容易ではないため、友人やブローカーのつてで就職することが少なくなく、通常、手数料など金銭の授受を伴っているようです。これらブローカーの行為はそのほとんどが中間搾取の禁止（労基法6条）に違反します。

また、南米出身の日系人は、請負（→**31**）業者に雇用され請負先で就労していることが多いのですが、その実態はいわゆる偽装請負であることがほとんどであり、この場合は職安法や労働者派遣法に違反することになります。

7　有期労働契約をめぐる問題

(1) 雇止めと在留期間

外国人労働者が労働契約を締結する場合、資格外労働者を除くほとんどの者が、1年以下の期間の定めのある労働契約（有期労働契約）になっています。こうした場合でも、外国人労働者の多くが賃金その他で格別優遇されているわけではなく、これ自体、「国籍」による差別的取り扱いの疑

いが強いといわねばなりません。このように、外国人労働者の労働契約が有期であり、日本での滞在が在留期間に規定されることから、外国人労働者の権利行使の困難性という特有の問題がもたらされています。

入管法を悪用しようとする使用者は、在留期限の満了日直前になって、契約更新拒否の意思表示（雇止め）（→**32**）をします。この場合、直ちに出国しないとオーバーステイとなってしまいますので、雇止めの効力に争いがあったり、賃金不払いなど労働法令違反などの問題があっても、外国人労働者が権利を主張することは困難となります。このように使用者が滞在期間（契約期間）切れ間近になって雇止めをすることは決して少なくありません。

雇止めなどを争う場合、弁護士に上申書を書いてもらい、地方入管局に在留期間更新申請を行えば、在留期間の更新ができ、在留期間更新許可を取得したのちに、じっくりと団体交渉を行い裁判を闘うことができます。

また、雇用保険（→**35**）に加入していないことも多いので、こうした場合には雇用保険被保険者資格取得および資格喪失の確認を申請し、条件付の給付を得て交渉するとよいでしょう。

(2) 中途解約

期間の定めのある契約（有期雇用契約）については、使用者は「やむを得ない事由」がなければ契約途中の解除はできません（労働契約法17条1項）。契約期間中の雇用を終了させざるを得ない特別の事情（「やむを得ない事由」）があるといったことは一般的にはあまり考えられませんので、損害賠償（残りの期間の賃金）請求ができる場合がほとんどだといえるでしょう。

中途解約を争うときで在留期間の残余期間が少ない場合には、雇止めなどの場合と同様に、在留期間更新許可申請を行います。

また、雇用保険に加入していない場合には、雇用保険被保険者資格取得および資格喪失の確認を申請し、条件付の給付を得て交渉を継続するとよ

(3) 期間の定めのない契約

外国人労働者で期間の定めのない契約を締結しているのは、資格外就労者の場合がほとんどだと思われます。この場合、日本人の通常の解雇（→*32*）と何ら変わる点はありません。労働者を解雇するには、客観的に合理的な理由および社会通念上相当であることが必要となります（労働契約法16条）。しかし、契約書がないために契約内容が不明確であったりする場合も多く、通訳を通じてきちんと聞き取りをすることが大切です。

8　労働災害

労働災害への対応は、外国人労働者であっても日本人労働者と異なる点はありません。しかし、言葉のハンデがあるため思わぬ障害にぶつかることもあり、権利行使に当たってはいくつかの注意が必要です。

(1) 労災手続き

外国人労働者の労働災害について、その事実を隠すために死傷病報告書を提出しなかったり、被災者の外国人を日本人の名前で報告したり、事故内容や休業日数を虚偽に報告したりといった労災隠しが生じています。

他方で、外国人労働者が、労災保険（→*36*）を知らず労災保険が適用されなかったり、事業主の協力が得られなかったり、資格外就労者の場合には、入管への通報、退去強制を恐れて労災申請に尻込みをするといった実態もあります。

労働相談のなかでは、当初の治療代は出してもらったがその後の治療費は出してもらえないとか、療養補償申請はしたが休業補償申請が行われないといった訴えがよく聞かれます。また、使用者が労災保険を使わずに補償する約束をしたとしても、高額の治療費が必要になるとわかった途端に

反故にされる結果となることが少なくないようです。労災に遭ったら、きちんと労災保険の適用を追及することが大切です。事業主には協力義務――被災者への助力義務、証明義務（労災保険法施行規則23条）がありますので、こうした場合には使用者の責任追及を行うことができます。

なお、就労資格のない外国人労働者が労災に遭って労働基準監督署に労災申請を行う場合、外国人被災者には必ず日本人が同行することが重要です。厚生労働省は、事実関係の調査が終了するまで地方入管局への通報は行わないとしていますが、申請に赴いた段階で通報された事例もありますし、少なくとも災害補償が確定されるまで通報しないことを、担当官に要請することが大切だからです。

(2) 労災民事賠償

労災保険法による保険給付は、慰謝料はその対象ではありませんし、休業損害や逸失利益（→*28*）もその全額を補填するものとはなっていません。使用者に故意・過失がある場合、労災補償を超える部分の損害について、使用者の民事上の損害賠償責任を追及することができます。

外国人労働者が民事賠償を行う場合、その損害額の計算にあたって、合法的に就労する外国人については日本人と区別されることはありません。しかし、在留資格や就労資格を持たない外国人労働者が損害賠償を請求する際に、後遺障害による逸失利益をどう計算するかという問題があります。最高裁は、こうした労働者はいずれ退去強制を免れないとの立場から、3年間は日本での収入による計算、以後は本国での収入による計算という立場をとっています（改進社事件・最高裁平成9年1月28日判決）。

しかし、この判決は、外国人を合法的に高賃金で雇っている使用者に対しては、高額の損害賠償が認定され、外国人を違法にしかも低賃金で雇い不当な利益を上げている使用者が低額の損害賠償で済むという点で問題が多いといわなければなりません。

（小川　浩一）

コラム

実践の現場　外国人社員の雇用形態

　最近は日本でも外国人の企業トップが珍しい存在ではなくなっていますが、社員についても同様に日本人と同条件で外国人を採用する企業が増えています。ここでは、グローバル企業を中心にますます増えていく外国人社員に限定して、その現状と課題等を考えます。

　ここで言う「外国人社員」とは専門的な技術や知識等を活用して 2015 年 4 月現在の在留資格でいうと「技術・人文知識・国際業務」「企業内転勤」「高度専門職」の在留資格で日本に滞在・就労している外国籍の人材のことを指します。法務省入国管理局の統計によると、2012 年末時点でこのような外国人は 12 万 6000 人を超えています。

　では、企業側はどのような狙いで外国人を社員として雇用しているのでしょうか。大きく 3 つに分類されます。
① 国籍不問採用
② グローバル（ブリッジ）要員
③ 社内に異文化人材を受け入れて活性化を図るダイバーシティ・マネジメントの一環

　いずれかを唯一の採用目的としている企業は少なく、3 つすべてを網羅しつつ、その優先順位が企業によって異なるということが実態だろうと思います。

　もともとメーカーなどでは理工系人材を中心に、本人の専門性に着目した結果として、国籍を問わずに採用するケースが見られましたが、2001 年に中国が WTO（世界貿易機関）に加盟し、新興国が単なる製造拠点だけでなく研究開発や市場として捉えられるようになるとグローバル（ブリッジ）要員という考え方が急速に広がってきました。ダイバーシティ・マネジメントは、日本では女性の活用といったニュアンスで受け取られる

傾向があります。しかし、近年、海外での売上高比率が増加する一方、日本における社内の人口構成が高齢化（いわゆる逆ピラミッド構造）となってくる中で、外国人社員登用による異文化の導入などにより社内の活性化をはかろうとする企業もでてきています。

　日本国内における外国人社員の雇用は、緒に就いたばかりで、採用、就労、家族の受け入れなど、さまざまな問題や課題が見えてきています。グローバル企業に対する各種先行調査を踏まえ、現状、課題について整理すると以下の通りになります。

採用の方針・目的
　採用方針として打ち出されているものについては「日本人・外国人問わず適材適所」「多様な人材の活用のため」のほか、「総合職として国内における将来の基幹社員候補」「海外拠点での将来の基幹社員として育成」などを挙げた企業が多いようです。また、採用にあたっては、「国籍を問わず優秀な人材を確保」することを第一に挙げた企業が圧倒的に多く、次いで「海外の取引を行うため」等が続きます。採用時の重視ポイントは「日本語レベル」としているものの、「能力の判定が難しい」とする企業が多く、必ずしも語学能力を重視しているとは限らない傾向が見られます。

どう活用しているか
　活用の要は配属先とのマッチングであることについては外国人社員・企業の双方ともに認識しています。外国人社員活用上の課題として、多くの企業において「受け入れることのできる部署が限られる」「言語・コミュニケーション上の障壁」を挙げています。社内への影響については「刺激・社内活性化」という好影響がある一方、「文化・価値観の違いによるトラブル」「言葉の面での意思疎通に関するトラブル」という問題も指摘されています。

評価方法と処遇等について

　配置・配転、昇進・昇格、評価制度、賃金・賞与制度、退職金制度、教育訓練の実施の6項目すべてにおいて、「日本人社員と全く同様の扱い」が半数以上となっていますが、その一方で、採用時に将来のキャリアパスを明確にしている企業はごく少数です。

　正社員・契約社員として活用している外国人社員のための福利厚生は、日本人社員と同等のところが多いようです。ただ、「外国人社員の雇用管理ができる管理者が不足している」ことを挙げる企業が多く、外国人社員受け入れの環境整備は、これからの課題となっています。

　以上述べてきたように、高い日本語能力を有し日本企業の組織風土に適応できる外国人社員を雇用する企業が増えている傾向は明らかになっています。このことは、外国人社員に日本語能力の高さや考え方・振る舞いなど日本人と同じものを求めるという「同化型」を無意識に期待する企業が少なくないということです。むしろ、グローバルな視点に立つならば、自社の価値観や業務プロセスなどを深く理解したうえで「外国人社員ならでは」の新しい価値を創造できる人材として活用していくことが大切になっています。

（小平　達也）

福 祉

1　福祉相談とは

　福祉とは、「ふつうのくらしのしあわせ」が得られるように、すべての市民に最低限の公的援助を提供するという理念のことを言います。また、福祉はNPOや地域のボランティアといった民間のグループによっても支えられています。

1980年代以降に来日したニューカマー外国人が日本で生活基盤を築く中、福祉の現場からは、配偶者間の暴力（→**47**）、児童虐待（→**48**）、生活困窮、生活保護（→**38**）、母子家庭、心身の障害、非行などの問題を抱える多文化を背景とする人の存在とその対応のあり方について問題が提起されてきています。それぞれの福祉の現場では、日本人の夫から暴力を受けて困っている、外国人の母と子どもの母子家庭において仕事が見つからず生活に困窮している、子どもの教育に関連して不登校の問題や言葉の発達の問題などの相談に対して、文化的背景を視野に入れながら援助することが求められます。

　母国ではしつけの範囲として行っている行動が日本では虐待とみなされることもあり、文化的な背景の違いをどう捉えるかは難しい問題です。例えば、保護者が子どもにしつけだと言って麺棒で子どものお尻を叩いたりすることは、保護者自身の国ではよくある光景となっている場合があります。しかし、日本では虐待とみなされ、周囲の人から児童相談所などに知らされ、発覚します。

　外国人の定住化が進むと、近い将来には高齢者福祉の課題が多くなると推測されます。1986年には、65歳以上の高齢外国人は5万1230人でしたが、2016年12月末には18万4983人となりました。30年間で3.6倍となり、増加の一途をたどっています。多くは子どもを日本で育て、日本で家庭を築いていることから、子どもがいる日本で老後を迎えることになります。日本社会が抱える超高齢化傾向の中で、外国人の高齢者福祉も今後課題となり、福祉相談の対象になると考えられます。

2　福祉相談の専門家

　福祉相談に対応する公的機関は、行政の社会福祉課や社会福祉協議会（→p94）、配偶者暴力相談支援センター・婦人相談所（→p97）、児童相談所（→p99）、子育て支援センター（→p102）などがありますが、そこで相

談に対応し援助するのは、福祉分野の専門職として働く人々です。どんな役割があるのかをまず紹介します。

(1) 社会福祉士

「社会福祉士」は、福祉分野全般のソーシャルワークを行う国家資格者として「専門的知識及び技術をもって、身体上若しくは精神上の障害があること又は環境上の理由により日常生活を営むのに支障がある者の福祉に関する相談に応じること」を主な業務と規定されています。社会福祉士、精神保健福祉士、介護福祉士は、いずれも福祉の国家資格で、合わせて三福祉士と呼ばれています。社会福祉士として働く人の多くは、福祉行政機関や福祉施設に勤めていますが、独立して地域福祉や、成年後見活動を行う事務所開業者も増加しています。日本社会福祉士会や各都道府県の社会福祉士会では、「国際・滞日外国人支援委員会」などによる外国につながる人への福祉支援を研究・実践する取り組みが見られ、今後の進展が期待されます。

(2) 精神保健福祉士

「精神保健福祉士」は、精神障害者のソーシャルワークを行う国家資格者として「精神科病院その他の医療施設において精神障害の医療を受け、又は精神障害者の社会復帰に関する相談に応じ、助言、指導、日常生活への適応のために必要な訓練」などを行います。精神保健福祉センター（→p106）や保健所（→p104）、精神障害者福祉施設などで、精神保健福祉相談員として仕事をしています。また、「心神喪失等の状態で重大な他害行為を行った者の医療及び観察等に関する法律（心神喪失者等医療観察法）」に規定される社会復帰調整官や精神保健参与員としても活躍しています（→p79）。

(3) 介護福祉士

「介護福祉士」は、介護や介護者に関する指導を行う国家資格者として、「専門的知識及び技術をもって、身体上又は精神上の障害があることにより日常生活を営むのに支障がある者につき心身の状況に応じた介護」を主な業務と規定されています。具体的には、高齢者などの食事や排せつ、入浴の介助を行います。資格者の多くは、特別養護老人ホームや介護老人保健施設、病院などの社会福祉・医療施設で働いています。

(4) 社会福祉主事

福祉事務所（→ p94）の現業員として就く人に要求される資格で、福祉事務所には必ず置かなければなりません。社会福祉士や精神保健福祉士の資格を持つ人、大学で福祉系の指定科目を修めた人、指定の養成課程を修了した人などが任用されます。社会福祉の各法に定める援護、育成、更生の措置に関する業務のケースワーカーとして働いており、社会福祉施設での相談員や、社会福祉協議会の福祉活動専門員等としても働いています。

(5) 児童福祉司

「児童福祉司」は児童相談所（→ p99）に必ず置かれ、児童の保護者や相談に訪れた子供に対して面接、家庭訪問、関係機関との連絡・調整を行って、児童相談所で中核的な役割を担う職員です。医師、社会福祉士の資格を持つ人や社会福祉主事として2年以上児童福祉事業に従事した人、そのほか指定の養成校や指定科目を修めた人が任用されます。

(6) 介護支援専門員

通称は「ケアマネージャー（ケアマネ）」と呼ばれます。介護保険法で要支援・要介護の認定を受けた高齢者などから相談を受けて、介護サービス計画（ケアプラン）を作成し、居宅サービスや施設サービスを利用できるように介護サービス事業者と連絡・調整を行います。都道府県知事が実

施する試験に合格し、研修を修了して登録をします。介護保険施設などでは必ず置かなければなりません。

以上、主な福祉の専門職の役割を紹介しましたが、専門機関では、国家資格の有無ではなく、職務の地位や略称で呼ばれることが多くあります。例えば、「ソーシャルワーカー」や「PSW（精神保健福祉士）」、「MSW（医療ソーシャルワーカー）」、「SSW（スクールソーシャルワーカー）」、ただ単に「相談員」や「コーディネーター」と名乗っていることもあります。

2006年度からは愛知県で、2008年度から群馬県、神奈川県、浜松市において、「多文化ソーシャルワーカー」の養成プログラムが行われています。多様化、複雑化する問題に対して、相談者本人だけでなく関係する第三者にも働きかけ、継続的な支援を行う必要性からソーシャルワークの専門性を活かす人材の養成が期待されています。

社会福祉協議会（→ p94）などで活動する「コミュニティソーシャルワーカー」は、制度の狭間にある個別の生活上の課題や地域の問題を解決するため、個人、家族に対する個別支援を行っています。また、民生委員と児童委員は、ボランティアによる活動で、地域の中で住民の立場に立って相談に応じ、必要な支援を行い、福祉機関につなげる役割があります。

3　外国人特有の課題

外国人が福祉的な支援を必要とした場合、どのような問題に留意したらいいのか、以下、具体的に挙げてみます。

(1) 言葉、文化、社会制度の違い

現在、多言語による福祉情報は、インターネットや紙媒体によって政府、自治体、福祉機関、外国人支援団体などから発信されています。しかし、必ずしも母語で情報が得られるとは限りません。日本語での案内と比べると圧倒的に情報量は少なく、たとえ母語で説明されていても育った国との

制度の違いによって、ただ単に翻訳されている情報だけでは理解が難しい場合もあります。また、例えば日本では虐待や暴力とみなされるケースでも、文化や個人の考え方の違いにより日本の法律に基づく対応への理解が進まず、福祉機関や支援者に不信感を抱き続け、支援が困難となることがあります。

　外国人高齢者の場合では、今まで日本語での会話が可能だった人が、認知症などにより会話ができなくなるなど、特別な支援が必要となるケースがあります。日本語での説明を求められたときに、言いたいことが表現できない場合、福祉的な課題に加えて、外国人が言葉の面でもストレスを抱えることになります（→**50**）。現場の職員が聞き取るとき、それが、日本語能力の問題で表現できる語彙が少なかったり、話の組み立てが上手くできないことによるものなのか、それとも背景に、精神的な疾患や障害（→**46**）があるのか、などの判断が難しい場合があります。丁寧な聞き取りと、適切な専門医療機関等（→**44**）との連携が必要となります。

　小さな子どもや、障害や認知症、意識不明などの疾患などによって、本人の判断・認知能力が低かったり失われている状態の中で、頼れる家族も見当たらない時があります。現場の福祉関係者は、外部の連携機関に対して、アドボカシーの機能（代弁的機能）を働かせ、援助者として本人を代理することが求められる場面があります。その人の権利を守り、ニーズを獲得するために代弁することになりますが、その際にも本人が持つ文化や生活背景への理解が求められます。

　福祉機関の中には、入所をして生活する施設があります（→p97, 99）。こうした施設では、外国人が持つ宗教への対応も必要となります。例えばイスラム教を信仰する人にとって、礼拝の時間と場所、ハラルフード（イスラム教の律法にのっとった食べ物）が必要となる場合があります。

　このほか、外国籍である人の場合、本国に帰国することを希望、もしくは帰国することを余儀なくされるケースについて、渡航費や本国での生活基盤についてまで課題に上ることがあります。例えば、入院している人が

母国での治療を希望する場合、病院内で退院後の生活環境の調整は、一般的には医療ソーシャルワーカー（MSW）と呼ばれる職員が当たります。その際、日本にある大使館や領事館との協議、連携を行うこともありますが、必ずしも協力的に対応してくれる大使館（→ p107）ばかりとは限りません。福祉や社会保障が充実した国の大使館からは、自国民の保護や帰国について積極的な協力を得られますが、そうではない国の大使館からは、協力を得ることがほとんどできない場合があります。

このように福祉の現場では、生活に密着した課題に対して、個別の事情に応じた対応が求められています。しかし、現場の多くは職員の数に余裕がある状況ではありません。また、一生懸命に対応しようとする職員ほど、その時の対応が良かったのか、本人を代弁できていたのか、後々になっても悩むことがあります。福祉的な課題には、一概に正解が導き出されない問題が多くあります。それでもその人の人生に寄り添い、相談を受け、支援を続けていくことが福祉の支援では求められます。

(2) 孤立

最近、「孤立」は、日本の社会全体の問題として取り上げられることが多くなりました。外国人や家族にとって、身近に相談できる知り合い、相談先が見当たらないケースでは社会から孤立しやすい環境に置かれていると言えます。孤立は一人暮らしに限らず、家族内での孤立や、家族が地域から孤立するケースもあります。孤立による居場所感の喪失から、非行や犯罪への誘いに容易に入ってしまうことがあり得ます。

(3) 在留資格による制約

福祉的な課題を抱えている人は、大きな問題の背後に他の問題を重複して抱えていることがあります。例えば、配偶者から暴力を受けている人が離婚や子育てに悩みながら、経済的な問題を抱えているかもしれません。一度に全ての問題を把握することは困難かもしれませんが、まず優先され

るのは、身体の安全確保への見極めです。その後に、福祉的な課題や生活問題の解決に向けた道筋を立てたり、在留資格（→**3**）や国籍（→**1**）問題、離婚（→**23**）などといった身分や法律の問題への対応が必要となります。

しかし、外国人の場合、福祉サービスの利用を制限されることがあります。福祉サービスの一般的な原則では、中長期の在留資格を持っていることが要件となり、非正規滞在者や短期滞在者は除外されます。例えば、生活保護制度（→**38**）は、法律により日本国民を原則的な対象とし、一定の在留資格を持つ外国人に準用されている制度です。ただし、配偶者からの暴力（DV）や児童虐待などの被害者であった場合、実務上は非正規滞在者であっても支援を受けられる可能性があります。

福祉的な相談を受けたとき、まずは、本人や家族の法的地位について確認をする必要があります。

現場での認識不足として特に見受けられるのが、在留資格への理解です。例えば、児童養護施設に入所して生活していた外国籍の子どもについて、在留期間が過ぎていることや、そもそも在留資格を取得していないことに気づかないまま、必要な手続きを入国管理局で行わずにいる場合があります。また、「日本人の配偶者等」（→**6**）の在留資格をもつ妻などが夫と離婚をした場合などは注意を要します（→**23**）。DV 被害（→**47**）がある時には考慮されるケースもありますので専門家に相談するとよいでしょう。

「永住者」（→**6**）の在留資格を持つ人は、身分的な地位として、在留期限の定めなく在留することが許可されているため安定しています。しかし、それ以外の期間更新（→**10**）が必要な在留資格を持つ外国人の場合、在留資格が更新されないと日本に滞在できなくなってしまうという不安定な地位に付け込んで、雇用主が過剰な労働を強いるというケースも散見されます。本人も日本に在留できなくなる不安から、あえて相談や支援に拒否的となり、福祉的な課題が潜在化しやすくなります。相談窓口や支援者にたどり着いたときには、状況が深刻化していることがあり得ることを念頭において、聞き取りをする必要があります。

福祉的な課題では、行政や福祉機関、民間支援団体との連携が重要です。非正規滞在者の場合は、相談機関や支援者に対しても警戒をしていることがあります。人道的な配慮を必要として支援をしている中で、もし本人が行方不明となって連絡が取れなくなったり、入管に収容されたら、問題は潜在化し、深刻化することが予測されます。本人に告げず一方的に入管に通報をしないことを明確に説明する必要があるでしょう。相談事業では、適切な時期に適切な専門機関や団体につなぐことが求められます。

福祉の問題の中にも法律的な手続きや対応が必要なケースがあります。例えば、配偶者間の暴力によって裁判所に保護命令を申し立てる場合や成年後見制度（判断能力が低下したり、失った人に財産管理や身上監護をする後見人を付ける制度）を利用する場合が挙げられます。これらは特に専門的な知識が必要なため、中途半端な知識での助言はかえって混乱を招くことがあります。保護命令に関しては弁護士に直接相談したり、「配偶者暴力相談支援センター」(→ p97)に相談することになります。成年後見制度については、権利擁護センター「ぱあとなあ」(社会福祉士が集まった団体)や弁護士、司法書士（→ p34）などが相談を受けることができます。それぞれの機関や専門家には、専門分野があります。普段の相談業務から、各方面の基礎的な知識を得て、どこの誰につなぐことが可能なのか、日ごろのネットワーク作りがいざというときの対応に役に立ちます。

4　担い手としての外国人

外国人は、相談や支援されるだけの立場ではありません。福祉機関で就労する外国人も存在し、現場を支える立場でもあります。

高齢者施設や在宅介護などの現場では、以前から、「日本人の配偶者等」や「永住者」「定住者」(→6) といった、活動に制限のない在留資格を持った人が就労しています。高齢者施設で行う介護員などの介護の仕事には、必ずしも国家資格の介護福祉士の資格が必要ではないため、活動に制限の

ない在留資格者であれば仕事ができます。2008年のリーマンショックにより、それまで勤めていた工場で就労できなくなった「永住者」や「定住者」の在留資格を持つ日系人などが介護の仕事を目指し、介護の現場で働く外国人は増加したとみられます。

　2008年以降、EPA（経済連携協定）に基づき、日本はインドネシア、フィリピン、ベトナムから介護福祉士候補者の受け入れを実施しています。これは人手不足を補うものではなく、経済活動の連携の強化と説明されています。また、2017年9月1日からは在留資格「介護」が新設され、同年11月1日からは在留資格「技能実習」の中での介護職種が追加されました。そんな中、福祉の現場で多様な文化的背景を持つ人が働き、職員や利用者と関わることで、問題ばかりではなく相互に良い影響をもたらすことも指摘されています。言葉や文化が異なることで、福祉分野で本来、必要とされる個々への理解が促進され、それぞれの良い面に気づかされることもあります。

　このように、福祉分野では、外国人は支援されるだけではなく、実際に、介護現場などで人を支援する仕事に従事しているケースが増加しています。「外国人＝支援を必要とする人」といった固定観念ではなく、「社会参加」という視点で相談者をエンパワメントすることも視野に入れる必要があるでしょう。

5　福祉相談に求められる視点

(1) ソーシャル・インクルージョン（社会的包摂）

　ソーシャル・インクルージョンは、1980年代にヨーロッパで起こった移民排斥に対応して社会福祉政策を再編するために基調とされた理念です。日本では、2000年に厚生省（現厚生労働省）から出された「社会的な援護を要する人々に対する社会福祉のあり方に関する検討会」の報告素案でソーシャル・インクルージョンの概念が導入されました。社会的に弱

い立場にあって排除されている人や社会から孤立している人を、社会の構成員として受け入れることを言います。そして、全ての人々を孤独や孤立、排除、摩擦から援護して、共に生きる社会を目指す理念です。

反対に、社会や環境による要因から社会参加ができず、社会問題のひずみを受けている状況をソーシャル・エクスクルージョン（社会的排除）と言い、社会的に弱い立場にある人たちを排除することを言います。

2011年に起こった東日本大震災の後、家族との絆を再認識したり、地域とのつながりの必要性を感じたりした人は多いと思います。ソーシャル・インクルージョンは、まさに地域や職場で共に生きる人を包み込み、助け合う行動のことです。高齢化社会となって労働人口が減少している日本で、ソーシャル・インクルージョンの視点を持つことは、共生していく社会を築き上げるため重要といえます。

(2) 他機関との連携

福祉の課題を抱える人は、福祉以外の法律や医療、教育などの問題も抱えていることがあります。本人にとっては、自身の生活の中でそれぞれの問題が互いに影響し合っているため、自分自身で問題を整理して、適切な行政機関や福祉専門機関、専門家を見極めることが難しい場合があります。そうしたときには、相談員が丁寧な聞き取りを行いながら問題を整理し、次なるステップにつなぐことが必要です。

相談員が情報提供のみを行って、本人が解決の方向性を見いだせることもありますが、本人や家族の安全が確保できなかったり、パワーレスの状態である場合には、他機関や協力者との連携は必要であり、相談員が個人でできることには限界があることを認識する必要があるでしょう。相談員が一人で抱え込まないように、かつ本人の意思を尊重しながら、適切な行政機関や福祉専門機関、専門家の協力を仰ぎ、継続的な支援につなげることが重要です（→ p240）。

外国人が福祉や生活の課題を抱えたとき、解決への道筋をつけるために

は、日ごろから専門機関や支援団体、専門家の機能や役割を理解し、適切につなげることができるかがカギとなります。福祉的な問題は、中長期にわたってサポートや見守りが必要な場合が多くあります。目の前から相談者がいなくなった時点で、相談員は自分の担当ではなくなったとする、いわゆる丸投げをして相談を終了するのではなく、またいつでも相談者が相談に来ることができる状況を作ることも忘れずに相談に当たることが大切です。

(青柳　りつ子)

教育

1　教育相談とは

　法務省の調べでは、2014年6月時点で、日本には、在留外国人として数えられる0歳から18歳未満の子どもが26万3554人いるとされています。ここには、日本国籍を持っている子どもや様々な理由で在留資格がない子どもの数は含まれないので、実際にはもっと多くの外国につながる子どもが暮らしていると考えられます。彼らの文化や言語的背景、また日本で暮らすこととなった背景や生活・学習環境は実に多様です。

　文部科学省の調査によると、この子どもたちのうち、日本の小・中・高等学校、中等教育学校、特別支援学校に通う「外国人児童生徒」は2014年時点で、約7万8600人と言われています。この多くは、日本・日本語といった文化・言語を背景として持つ子どもたちへの教育を前提とした日本の学校社会の中で多くの問題に直面しています。学校文化への適応(→**40**)、日本語習得(→**40**)、学力保障と進路選択(→**41**)、母語保持(→**40**) とアイデンティティの確立、不就学、認知・精神発達(→**46**) との関係などです。

　インターナショナルスクール(→**42**) や民族学校(ナショナルスクール)

(→**42**) などの外国人学校（→**42**）にも同程度の数の子どもが通っていると言われていますが、この子どもたちも制度のはざまで、教育の機会や進学が十分に保障されないといった問題が生じているケースがあります。

こういった外国につながる子どもの教育に関する問題に対応するのが教育相談です。ただ、日本では彼らの教育における問題そのものが比較的新しいため、外国につながる子どもの教育の専門家としての資格制度は整っていません。したがって、教育行政において設置されている「教育相談室」などで対症療法的な対応が行われつつも、長年の経験を蓄積したNPOなども実質的な相談窓口になっています。

2 教育相談に対応する専門機関と専門家

(1) 教育相談室と教育相談員

全国の教育委員会には、教育相談を受ける機関として、「教育相談室」が設置されています。そこで相談を受けるのが、教育相談員です。子どもと保護者の教育にかかわるあらゆる相談に対応する人です。特に、定められた応募資格があるわけではありませんが、心理面の相談に対応できるよう、臨床心理士（→ p79）や心理カウンセラーの資格を持っていたり、学校教員免許を持っていて、様々な教育相談に対応してきた経験などが必要とされたりします。一般的に各自治体の教育委員会等が独自に募集を行います。

なお、例えば兵庫県では、2003年に教育委員会が外国につながる子どもを巡る教育に関して専門的に対応する「子ども多文化共生センター」が、また東京都武蔵野市では「帰国・外国人教育相談室」が設置されるなど、全国的に行政的な動きがでてきています。全国の教育委員会において、外国につながる子どもの教育を巡る専門性を身につけた職員が配置されることが望まれます。

(2) 小・中学校におけるスクールソーシャルワーカー

　スクールソーシャルワーク（SSW）とは、子どもが毎日の生活の中で抱える様々な問題を、子どもの内部の心理的な問題としてではなく、子どもを取り巻く環境との関わりの中で生じうるものと捉え、子どもの立場に寄り添って解決を試みる活動です。主な活動としては、こうした環境への働きかけ、学校の外の関係機関等とのネットワークの構築や連携、学校内でのチーム体制の構築、保護者、教職員等に対する支援・相談・情報提供、教職員等への研修活動等です。アメリカでは古い歴史があるものの、日本では2008年から全国的に学校教育現場に導入されるようになりました。

　スクールソーシャルワーカーも、一般的に各自治体の教育委員会等が独自に募集を行います。特別な資格があるわけではありませんが、応募資格として、社会福祉士か精神保健福祉士や、教職経験者が求められることが多くなってきているようです。最近では、いじめ問題や不登校の子どもへの対応として家族への働きかけなどについて、スクールソーシャルワーカーが重要な役割を果たす事例が報告されるようになってきています。

(3) 外国につながる子どものための学習支援教室

　近年では、外国につながる子どものための学習支援活動がNPOや日本語ボランティアグループによって、各地で行われています。そうした団体には、現役教員や元教員などが参加しており、経験的に支援のための専門性を身につけてきていますので、学習や進学に関する相談にも対応してくれます。また、最近では、各地で教育委員会とそうしたNPO等の協働による「高校進学ガイダンス」（進学相談会など名称は地域によって異なる）が通訳付きで開催されています。

　こうした情報は、各地の国際交流協会が把握しているケースが多いので、問い合わせてみるとよいでしょう。

3 外国につながる子どもの教育を巡る問題点

次に相談を受ける側が相談をスムーズに専門家につなげるために心得ておくべき点を挙げます。

(1) 学校文化への適応

日本人の子どもやその保護者にとっては特に違和感のない学校のルールが、外国につながる子どもやその保護者にとっては、馴染みのないものである可能性があります。例えば、体育や音楽などの技能系の科目がある、宗教によっては口にしてはいけない食材が給食に使われている、学校で決められた学校用品や文房具を保護者が準備する、校内の掃除を子どもが行う、ピアスなどを身につけてはいけない、行事の際には弁当を持参するなど、外国につながる子どもやその保護者が戸惑いを感じたり、そのギャップが元で時にはいじめなどのトラブルに発展するケースもあります。

外国につながる子どもたちの数が日本の学校の中で増加し始めた1990年代は、問題の原因を日本への適応がスムーズにできない子どもやその保護者側に求めるといったこともありましたが、その後は相互理解の重要性が強調されるようになってきています。外国につながる子どもや保護者に日本の学校のルール、学校文化を伝えていくこともちろん必要ですが、一方で、受け入れ側も、彼らの文化的背景やこれまでの生活経験を知り、その違いを理解した上で、その子どもたちが過ごしやすい環境を作っていくことが求められています。

(2) 日本語指導と母語通訳

外国につながる子どもの中には、母国や外国人学校から直接編入してくるケースや、日本で生まれたり、幼少期に来日したなど、様々な子どもが含まれます。その背景によって、日本語の日常会話が全くできなかったり、一方で、日常会話はある程度流暢であっても、教科学習で必要となる日本

語には課題を抱えるなど、必要とされる支援の内容は大きく違ってきます。教育相談を受ける時は、子どもが適切な日本語指導（→**40**）を受けられるように、子どもの年齢、入国時の年齢、日本での滞在期間、母語力といった最低限の情報を入手し、それらの情報を教育委員会や学校、専門家に伝える必要があります。地域の支援体制として、日本語指導や母語通訳などの支援者の派遣制度や、放課後や週末に日本語、教科学習のための教室がある場合もありますので、その地域の教育支援の情報についてあらかじめ、収集しておくとよいでしょう。

（3）学力保障と進路選択

　子どもは、一般的に、成人の言語学習者と異なり、そのことばが使われる環境で生活している場合、日常会話は比較的早く流暢に話せるようになります。カナダのバイリンガル教育の専門家であるカミンズ氏によれば、通常、会話の流暢度（CF：Conversational Fluency）は1～2年で獲得できるとのことです。しかし、その一方で、教科学習に必要となる教科学習言語能力（ALP：Academic Language Proficiency）の獲得には、学年レベルに到達するのに5年以上かかるとされています。日本に暮らす外国につながる子どもたちも、日常会話はできても教科学習において困難を抱える子どもが少なくありません。そのため、学校教育現場では、日本語習得のみならず、教科学習の達成を視野にいれた指導が重要視されるようになってきています。

　小・中学校のうちに確かな学力の基礎を築いておくことは、その後の高校、大学への進学に大きく関わってきます。外国につながる子どもの高校進学率は国の調査では明らかにされていませんが、各自治体や一部の調査研究などでは50～60％程度と言われています。また、その進学先も全日制ではなく、夜間に勉強する定時制が多いとのことです。大学に進学するのはさらに少数に限られます。日本人生徒の高校進学率が97％を越えるという現状を鑑みると、外国につながる子どもの進学には、日本語力や経済的な問題も含め、まだまだ高い壁があると言わざるを得ないでしょう。

自治体によっては言語面でのハンディを軽減すべく、高校入試の特別措置（→41）や、外国につながる子どものための入試の特別枠（→41）を設けていたりするところもあります。また、経済的な支援としても、国の就学支援金制度や自治体等が実施する奨学金などが受けられるといった制度があります。相談を受ける側は、相談を受けた地域におけるそれらの制度について事前に知っておくとよいでしょう。

（4）母語保持とアイデンティティの確立
　日本生まれや幼少期に来日した子どもが増える中で、その子どもたちの母語喪失の問題が新たに浮き彫りになってきています。生後間もなくから日本の保育園に通う子どもの中には、家庭言語が母語であっても、日本語の方を好んで話し、母語は聞いてわかるのみというケースも少なくありません。また、来日当初は母語のほうが強くても、日本語を習得していく一方で、母語を忘れていってしまう子どもも多くいます。

　8〜9歳以上で来日した子どもの場合は、一定程度、母語が確立した後に日本語環境へと入るため、通常、ある程度は母語の保持が可能とされますが、低年齢児の場合は、環境に十分配慮しなければ、ほとんど喪失してしまうといったことも珍しくはありません。母語を喪失してしまうと、保護者が、日本語があまり得意ではない場合、家庭内での教育やコミュニケーションが成立しなくなってしまいます。そういったケースでは、子どもは母語を失ってしまうばかりか、日本語の習得や、ことばを通しての学習そのものにも支障をきたしてしまいます。また、家族との絆が薄れてしまうことで、自分自身のルーツに自信が持てなくなったり、自己肯定感が低くなってしまうケースも少なくありません。

　このような問題が指摘されるようになるにつれて、外国につながる子どもの母語については、学力や日本語習得にプラスであること、自己肯定感やアイデンティティの確立、保護者・家族との絆といった視点から、日本国内でもその重要性が認められるようになってきています。そして、地方

自治体や地域のNPO・ボランティア団体、大学などの研究機関において、母語教室や外国につながる子どもの保護者を対象とした子育てセミナーが開かれるなど、様々な母語保持のための取り組みが続けられています。

相談者の中には、日本文化への適応や日本語習得のためには、家庭内で母語を使用しないほうがいいといった誤解をしている人や、母語を保持したくてもどうすればよいかわからないといった人もいますので、正しい知識や地域ごとの情報の周知が求められます（→40）。

(5) 不就学

日本の法律では、日本国籍（→1）を持たない外国につながる子どもは、就学義務はないとされています。文部科学省は、義務教育の年齢に当たる子どもが就学を希望する場合には、日本人と同一の教育を受ける機会を保障するという通達を出していますが、法によって教育が保障されていない中で、不安定な状況に置かれている子どももいます。様々な理由で学校に通えていない不就学の子どもたちです。

国は、このような子どもたちがどれだけいるか正確な数の把握すらできていないのが現状です。総務省は、2003年に在留外国人統計と文部科学省が実施している学校基本調査の在籍外国人児童生徒数をもとに、不就学者数を推計していますが、その数は1万2098人とされます。また、文部科学省も2005～2006年度に外国人集住地域の「1県11市」[1]の9889人の外国につながる子どもを対象に、不就学実態調査を実施しましたが、112人の不就学の子どもが確認されています。さらにこの調査では、1732人の子どもが転居や出国等の理由により、連絡が取れず、就学状況そのものの把握ができない状況となっています。

不就学になった理由の1，2位は、「学校に行くためのお金がない」、「日本語がわからない」で、日中の過ごし方としては、多い順に「特に何もし

---

1 滋賀県、太田市、富士市、掛川市、飯田市、美濃加茂市、豊田市、岡崎市、四日市市、豊中市、神戸市、姫路市

ていない」、「仕事・アルバイトをしている」、「兄弟姉妹の世話をしている」との回答でした。また、2008年のリーマンショックの経済危機により、子どもたちの保護者である多くの外国人労働者が失業するという事態が起こりました。そのため、外国人学校に通っていた子どもたちの中には、就学できなくなってしまった子どもも多くいました。ほとんどの外国人学校は、一般的な国・公・私立の小中学校、高等学校等と区別され、各種学校か無認可の教育施設であるとされているため、助成金や税制面での優遇が受けられないなどの制約があります。そのため、授業料が高額で、経済上の理由が即、就学の可否につながってしまうのです。現在では少し改善傾向にありますが、このような制度上の保障の不足が不就学を引き起こしてしまうケースもあります。高等学校等就学支援金制度のように授業料負担に対する支援策が適応される外国人学校もありますので、どの学校が該当するかといった情報を収集しておくとよいでしょう。

(6) 認知・精神発達との関係

　最後に、近年増加しつつある問題として、認知・精神発達との関係について触れておきたいと思います。これまでも触れたとおり、日本生まれや幼少期に来日した子どもたちの増加に伴い、就学年齢になっても日本語と母語のどちらの言語も年齢相応に発達していないように思われるケースの報告が聞かれるようになりました。子どもたちのその状況が、多言語の習得過程において、それぞれの言語の接触量や質が十分でないことなどの環境的要因によるものなのか、子ども個人の心理的要因によるものなのかといった判断は非常に難しいのですが、日本語を母語とする子どもを対象に考えられた発達検査等により、不十分な診断がなされるといった例も聞かれます。

　しかし、日本では、文化言語的に多様な背景をもつ子どもの発達診断のための専門的資格は、規定されていないのが現状です。そのため、このような問題に直面した場合には、教育相談員などにつないで、専門的知見を

取り入れた上で支援・指導法を考える必要がありますが、その際にも、文化・言語的に多様な環境の中で育っているということを考慮した上で多角的視点からのより慎重な対応が求められます。このような場合には、大学で外国につながる子どもの言語の問題を研究している研究者につなぐといった方法も考えられるでしょう。

(7) 保護者への支援

　特に子どもに関する問題については保護者とのコミュニケーションが重要です。子どもは日本語の上達が早い一方で、母語によるコミュニケーション力の低下により、親子間のコミュニケーションギャップの問題が生じるというのは既に指摘したとおりです。また、保護者との面談等において子どもに通訳をさせるケースも報告されています。教育相談においては、保護者がきちんと日本の教育制度や子どもの状況を理解し、子どもとともに目の前の問題を解決できるよう、専門性を有する通訳者を配置することが大切です。

（櫻井　千穂）

3 こころの医療

1 こころの医療相談とは

　人が家庭、職場、地域といったさまざまな人々が生活する中で生きている限り、こころの問題を抱えることは常であり、外国人たちにとっても例外ではありません。日本に住む外国人は200万人を超えているので、その1％の人がこころの問題を専門家に相談することを希望すれば、全国で2万人に達する計算になります。

　しかし、初めからこころの悩みの相談と正面切って訪れる相談者は多くはありません。夫婦間葛藤であれば、離婚（→23）したいが在留資格（→3）はとれるのかという法律の問題として、職場における葛藤であれば、失業（→32）や労災（→36）の問題として、子どものこころの問題であれば教育問題（→39～42）として表面化しやすいのが現状です。

　すなわち、法律相談であっても、労働問題であっても、教育問題であっても、その背後にこころの問題が潜んでいないかどうかに、常に注意を払っておく必要があると思われます。

2 こころの医療相談の専門家

(1) 精神科医

　医師の国家資格を持っているので、体の病気の基本的なことはわかっています。臨床経験の長い精神科医は、ほとんど精神保健指定医の資格を持っていますので、危険な状態と判断される場合は、強制入院（→43）にも携わることができます。家に閉じこもりきりになる、家の中で暴れる、奇異な行動をとる、自殺をしようとするなど、家族がどう対応したらいいのか困るような危機的な悩みから、失恋、隣人とうまくかかわれない、上

司とトラブルが多く困っているというような日常的な悩みまで、広く相談に乗ることができます。ただ、精神科医の中でも外国人診療に関わったことのある人はごくわずかで、その多くは「多文化間精神医学会」[1]の会員です。外国の医師免許を持っていても日本では医療行為ができないので、精神科的な医療が必要な場合は、日本の免許を有する医師の診療を受けることになります。

(2) 臨床心理士

　国家資格ではありませんが、今日では資格として社会的に認知されています。日本では心理カウンセラーとほぼ同義語と考えていいでしょう。フランスやイギリスでは国家資格化されており、日本より位置づけははっきりしています。

　臨床心理士の役割は、カウンセリング、心理テストによる心の査定をして専門家につなぐ、地域や学校におけるコーディネーターとされています。医療現場以外に、教育現場においてはスクールカウンセラーとして活躍しています。精神科医と同様、臨床心理士も、外国人に関わったことがある人はごく稀です。

(3) 精神保健福祉士

　もともとは、精神科病院へ入院している患者を地域に戻す役割として国家資格化されました。現在は、病院と地域を結ぶ役割を持ちながら、精神科病院や精神科クリニックのデイケアでの勤務、精神保健福祉センター（→p106）、地域包括支援センター、就労支援移行事業所、グループホームなど、地域に配置された社会復帰施設での役割が主な仕事です。地域に開かれた社会復帰施設は、外国人の来所を想定していませんので、やはり外国人と関わりを持った経験のある人はほとんどいないのが現状です。

1　精神科医や臨床心理士などを会員とする学会

(4) 保健師

看護師の資格を持った上で、地域の人たちの健康相談に乗っていますが、メンタルヘルスに特化した保健師はほとんどいません。病院やクリニックに勤務していた時に外国人と関わった経験のある人はいるかもしれませんが、地域で、しかも心の相談に関わったことのある保健師はほぼ皆無と言っていいと思います。

3　こころの医療相談における留意点

相談において必要なこととして、日本における精神医療（→**44**）の基礎知識を持っていることは当然ですが、それと同時に、外国人の相談を受ける側の心構えや相談者と相談される側との関係がいかにあるべきなのかといった一般的な心得（p86）の他に、以下の点を留意しておかなければなりません。

(1) 言語について

言語によるコミュニケーションが重要であることは言うまでもありませんが、外国人の場合は、言語を補うものとして特に非言語的コミュニケーションを大切にする必要があります。

相談者が日本語で相談を受ける場合には、コミュニケーションとしての日本語使用に問題がなさそうにみえても、自ら限界があることを常に認識しておかなければなりません。外国人は普段日本語を話せたとしても、精神疾患を患ったり葛藤状況が強くなると、日本語能力が低下し、自分の感情を日本語で語ることはかなり困難になります。逆に母語で話を聞く場合にも、言語表現能力が制限されるので注意が必要です。

いずれにしても、相談者から得られる内面的情報は制限され、また、相談者も相談を受ける側の話を理解できなくなります。常に両者が相互理解に限界があることを了解しておかなければなりません。

(2) インフォームドコンセントの必要性

　こころの問題では、インフォームドコンセント（→**49**）が特に重要です。医療現場においては薬物療法を行うことが多くあります。日本人相談者の場合では、病名、薬効、副作用などを詳しく尋ねず、すべてを医師に委ねてしまう傾向がありますが、本来医師は、初診時に判かった範囲で病像、診断名、薬物療法（効用と副作用）や精神療法の必要性、治療の回数、治療期間等を説明しておかなければなりません。外国人の場合は、その上で、日本での治療目標をどこにおくかを明確にする必要があります。日本で精神疾患を患った場合、母国に戻って治療する人もいますが、日本で生活をしながら治療を受けることを希望する人もいます。また精神障害の場合には、自立支援医療費（健康保険の3割負担が1割になる）（→**46** まめ知識）の使用についての説明もしなければなりません。

(3) こころの医療に対する価値観の違いについて

　相談の予約時間の約束については、日本人と違って守られないことが多く、日本人のように約束や時間を几帳面に守る習慣がほとんどない国・地域もあります。約束をしていても、彼らにとってより重要なことが出現してくれば、連絡なしにキャンセルをします。相談を受ける側もそのようなことがあることを理解しておかないと、物事は進みません。ただ、異なった価値観のもとに契約がなされたにしても、外国人相談者と相談担当者の関係は、常に契約の上に成り立っていることを念頭において対応すべきだと考えられます。

(4) 第二世代の子どもたちの理解

　第二世代の子どもたちとは、幼少期に両親と来日、あるいは日本で生まれ育った子どもたちのことです。彼らは以下のような生活上の特徴を持っています。

　①　幼児期から両親とは異なった文化の中で生活する。

② 家庭の中でホスト国の文化を学ぶのが困難である。
③ ホスト国において、自我同一性と同時に文化同一性を獲得していかなければならない。
④ 家庭での生活と学校での生活にさまざまなギャップがある。
⑤ 日常生活での言語には困らないが、自分の感情を表現したり、授業を理解していくことは困難である。
⑥ 日常の子どもの周りで起こる問題に対して、言語的にも時間的にも両親が対応できない。
⑦ 両親の教育観がさまざまである。
⑧ 将来、両親が育った文化かホスト国の文化に根を下ろすかが決まっていない。

こうした中、子どもたちが感じるストレスも親世代とはかなり異なってきます。親子で主要言語が違うためのコミュニケーションギャップ、教育現場での親の支援を受けにくい、将来の自分の居場所が決定できないなどが、ストレスになっていることが多くあります。

4　こころの問題を専門家にどうつなげるか

こころの問題を医療につなげるにはかなり困難を伴います。特にフィリピンを中心としたアジア圏の人たちは精神医療にかかることに抵抗を持っています。欧米圏や中南米の人たちは日本人より抵抗が少ないと言っていいと思います。

こころの専門家といえども、精神科医と臨床心理士では受け取り方がかなり違います。一般的には、精神科は精神病にかかった人が行く場所、心理相談センターはこころの悩みを抱えた人が行く場所と考えられる傾向にありますので、精神医療に抵抗のある人には、まず心理相談センターを勧めるのが一つの方法かもしれません。ただ臨床心理士は薬物投与ができませんので、比較的重いこころの悩みを持つ人には精神科や心療内科（→**44**）

につなげる必要があります。

> **事例**
>
> Aさん　45歳　女性　B国出身
>
> Aさんは、母国で仕事に来ていた夫と知り合い結婚し、12年前に来日した。子どもはいない。週3日近所のクリーニング店にパートに出ている。1か月前から右隣のご主人が自分の家をのぞいたり、わざわざ音を立てたりするようになったと、夫に打ち明けた。2週間前には、左隣のご主人が家の横に車を止め、わざわざ自分が道を通れないようにしたという。1週間前から近所の人たちが自分にいやがらせをするようになり、夜も眠れず食欲もなくなったという。ただ仕事は何とか行っている。3，4日前には、窓を開けて隣に怒鳴り声をあげたり、隣の家の車をたたいたりし、夫もどうしたらいいか困って外国人相談窓口に相談に来た。本人にクリニックへ行くことを話したが「私は病気ではない」と拒否した。

さて、Aさんですが、どのようにしてこころの医療につなげることが可能でしょうか？

一応、仕事はできていますので、自宅の近隣以外では特に悩みや問題は持っていないと考えられます。近隣に対する態度とAさん自身の危険度によって対応は変わってくると考えられます。こころの問題は徐々に悪化しているように見受けられます。まずこころの専門家に、話を聞いてもらうことにしました。ちょうど地域の国際交流協会で専門家相談を行っているというのでそこへ行くかと聞いたら、困っているので是非行きたいとの話でした。

5日後、こころの専門家に話を聞いてもらいました。どうも、異国に住んで友人もなく、夫も帰りが遅いために、心の奥底に孤独が潜んでいるように専門家には感じられました。そこで、1か月に1度、1時間の面接を持ったところ、3回で周りに対する被害念慮は消失し、ほぼ元の状態に回

復しました。

　Aさんの事例は、カウンセリングによって回復しましたが、カウンセリングをしているにもかかわらず症状が悪化し、対応に困ってしまった人の場合にはどうしたらいいのでしょうか？

　相談者と相談担当者の間に信頼関係が成立すれば、相談者は相談担当者の助言に従うことが多いので、粘り強く面接を続けましょう。もし大きな問題を起こせば、警察に介入してもらい、強制的に医療機関を受診してもらうことです。

　「こころの医療」のどこを利用したらいいのでしょうか。まず、精神障害の場合は、精神病なのか神経症なのかの区別が必要です。この事例は、近隣に限局した被害妄想が中心症状で、興奮、不眠、食欲不振、病気という認識が持てない等の症状が見られます。こうした状態は精神病状態と言えますが、妄想が限局しているので統合失調症とは言えません。「精神病」かなと考えられるときに何を思い浮かべたらいいでしょうか？

　まず何科を受診させるかでしょう。身体的病気はなさそうだが、精神障害としては重そうなので、やはり精神科へ受診することを薦めるべきでしょう。しかし、自分には病気という認識がないので、病院へは行こうとしません。ただ、自分自身で辛い思いをしていることは確かなので、気軽に行ける無料相談会には来たのだと思います。このケースは、国際分類（ICD-10）で診断すれば、F2の統合失調症に入ってしまいます。

　病気が重い場合には、入院になるかもしれないと考えておかなければなりません。「精神保健福祉法」には、任意入院、医療保護入院、措置入院の３つがあります。病気であるという認識がないので、自ら入院を希望する任意入院は考えられません。入院ということになれば、本人は反対だが、家族等が同意する、医療保護入院の可能性が高いと思います。

　ただ、家族が精神科に連れていく前に、手に負えなくなれば、警察に同伴してもらって、精神科救急病院で診察してもらうことになります。自傷他害の恐れがあれば、措置入院という強制入院になりますが、この場合は

それほど自傷他害は強くないので、医療保護入院になる可能性が高いと思います。いずれにしても最悪を想定した入院を考えておくべきでしょう。

以上のように、相談に乗る時には、おおよその精神科的症状、病気の重さ、外来か入院か、について頭に入れた上で対応することが求められます。「医療保護入院・措置入院」(→**43**)「精神科・心療内科・神経内科・脳外科・神経科」(→**44**)「精神病・神経症」(→**45**)「精神障害・知的障害・発達障害」(→**46**) の項目が頭に入っていれば、うまく相談に乗れることになります。

6 おわりに

外国人のこころの問題はさまざまです。内容によって、対応もいろいろ考えられます。それぞれの相談者に対して、工夫と応用が求められます。一つの答えが用意されているわけではありません。常に相談者の立場にたって粘り強い介入が必要ですが、時には介入がかえってあだとなる場合もありますので、一人で抱え込まず、こころの専門家と協力して対応していくことが重要です。

（阿部　裕）

コラム

実践の現場　相談心得8カ条

1　守秘義務

専門家には守秘義務が課せられます。守秘義務が課せられている専門家の通訳を行う場合は、たとえボランティアであっても同様に守秘義務が課せられます。相談を受けた内容は絶対に他の人に話してはいけません。個人情報保護法案が施行されている今日ではきめ細かな配慮が必要です。また、話の内容が重い時には自分だけで抱えこまずにこころの専門家に相談するようにしましょう。

2　相談者の尊重

どんな悪人に見えても、混乱して取り乱していても、常に相談者を尊重し、冷静に対処することが必要です。異国にいる場合には、友達もいなければ支援者もいないかもしれません。また家族や友達がいても、彼らが敵に見えているかもしれません。こころの問題は、相談を受ける側の想像をはるかに超えたところで起こっている可能性もあります。どのような条件下でも、相談者に対する尊敬の念を忘れないように心がけねばなりません。

3　相談者の文化・社会的背景を知る

相談を受けるときには、民族、文化、社会的背景が違うことを常にわきまえておく必要があります。こころの問題がある場合、ありえないことを本当のように話したり、本当のことを偽って話したりもしますが、相談者の背景を知らないと、相談者の話していることの真意が全く分からなかったり、誤解して受け取る可能性もあります。

4　マイノリティへの配慮

相談者は常にマイノリティであり、差別や偏見にさらされているかもしれませんし、在留資格を持っていない場合も多々あります。そうした状況がこころの問題を困難にしている可能性があるので、配慮が必要です。

5　一つ一つの相談を大切に

　専門家相談では、相談者の人生を左右するような問題が持ち込まれます。相談者はわらをもすがる思いで相談に訪れていることを忘れてはなりません。その解決にあたっては人生の全経験が問われることを肝に銘ずる必要があります。相談者のおかれた状況は一人ひとり異なり、当然解決の水準や内容も一つひとつ違ってきます。「一期一会」の気持ちを忘れずに、相談を受ける必要があります。

6　相談の中立性

　相談を受けるときはできるだけ中立性を保たなければなりません。相談の内容が、自分の抱えている問題と近かったりすると、感情移入し過ぎて混乱する危険性が生じ、相談者はかえって不安になってしまいます。また、相談者にこころの悩みがある場合は、聞きすぎるのも危険です。話を聞くことによって、相談者は自分の辛い過去を否応なしに引き出されますので、時にはパニック状態になってしまうことがあります。まだ聞き足りない点があるとしても、時には途中で切り上げることも必要です。

7　他機関との連携

　相談者が生活の中で直面するあらゆる問題が相談の対象となります。その上、外国人の場合には、在留資格、住居、医療や教育など様々な問題への対応が同時に必要とされる場合が少なくありません。そうした問題を手がけているNPOや相談機関などとの連携を常日頃から心がけておく必要があります。

8　相談者のエンパワメント

　相談担当者が相談者に代わって問題を解決することはできません。相談者の訴えを聞き、共に問題点を整理する過程で、その問題を解決するためには、何が必要で、どう行動すべきかを、相談者が気づき、勇気を奮い立たせて行動に立ち上がることができるようにエンパワメントすることが大切です。

（阿部　裕・小川　浩一）

第2章 公的な専門機関

1 法律

法テラス・弁護士会・日本弁護士連合会

法テラス：過疎地の住民や資力に乏しい人にも法的サービスが利用しやすいようにとの理念のもとに、総合法律支援法という法律に基づき、2006年4月に設立された法務省所管の法人のこと。正式名称は日本司法支援センター。

弁護士会：弁護士法31条2項に基づいて設立された、弁護士及び弁護士法人の指導・連絡・監督などを行う団体。地方裁判所の管轄区域ごとに設立されるのが原則で、全国の府県庁所在地、札幌・函館・旭川・釧路にそれぞれ弁護士会が存在します。東京のみ、3つの弁護士会が存在しています。また、支部を有する弁護士会もあります。弁護士会の活動の柱の一つに、市民を対象とする法律相談の実施があります。

日本弁護士連合会：日本弁護士連合会（日弁連）は、弁護士・弁護士法人及び各弁護士会の指導・連絡・監督などを行う団体。なお、法テラスの援助対象となっていない外国人当事者の事案等について、自主財源により費用を支出し、法テラスに事務を委託して行う法律援助事業。

(1) 法テラス

　法テラスは、①法的な紛争の解決に役立つ法制度や、地方公共団体・弁護士会・司法書士会・消費者団体等の相談窓口の紹介などの情報提供業務、②経済的に余裕のない人が法的トラブルにあったときに、無料法律相談を実施したり、弁護士費用・司法書士費用の立替えなどを行う民事法律扶助業務、③犯罪被害者支援業務、④弁護士がいない地域に弁護士を派遣するなどの司法過疎対策業務、⑤刑事事件に関する国選弁護等に関する業務などを実施しています。

　法テラスの法律相談を受けたり、弁護士費用・司法書士費用を立替を受けたりするには、本人及び配偶者の収入の合計から家賃・住宅ローンを差し引いた金額が一定金額以下であること、本人と配偶者の現金・預貯金の合計が一定金額以下であることという要件を満たすことが必要になります。ただし、離婚事件など、配偶者が紛争の相手方である場合には、配偶者の収入や資産を加算する必要はありません。また、医療費や教育費などの支出があった場合に、その点も考慮されることがあります。

　弁護士や司法書士に事件の代理や書類の作成を依頼する費用の立替を法テラスに求める場合には、まず法テラスで無料法律相談を受けて、その後に審査を受け、担当する弁護士・司法書士（→ p34）を紹介してもらうというのが原則です。ただし、既に依頼をする予定の弁護士・司法書士が、法テラスと契約をしている弁護士・司法書士であれば、この弁護士・司法書士が直接法テラスに申込みを行って費用の立替を受けることも可能です。法テラスが立て替える弁護士・司法書士費用がいくらになるのかは、事件の内容によって異なります。

　法テラスが立て替えた費用は、原則として月5000円～1万円ずつ、法テラスに対し返済していくことになります。また、事件が解決して相手方から金銭の支払いを受けた場合には、この中から一括して返済することになります。生活保護（→**38**）受給者や、これに準ずる程度に生計を立てることが困難な場合には、返済を免除してもらえる場合があります。

(2) 弁護士会の法律相談

　各地の弁護士会は、法律相談センターを設置し、市民に対する法律相談を実施しています。このうち、東京の3つの弁護士会などいくつかの弁護士会では、在留資格（→**3**）や退去強制手続（→**11**）、国籍（→**1**）、国際結婚や離婚（→**23**）、難民認定（→**8**）など、外国人が日本において直面する問題に関連する法律相談を定期的に実施しています。相談料が有料か無料か、通訳が用意されているかどうかなどは、弁護士会によって異なります。有料相談の場合には、30分5000円（消費税別途）ということが多いようです（→ p36）。現在、東京では、新宿及び池袋で弁護士会の外国人法律相談が実施されており、また、蒲田法律相談センターで夜間に定期的な専門相談が行われています。

　定期的な外国人関係の法律相談を実施していない弁護士会でも、そうした問題に経験を有する弁護士を紹介したり、臨時の法律相談を実施したり、各地の市役所や国際交流協会が主催する法律相談に弁護士を派遣したりといったことを行っています。

　さらに、東京・名古屋・大阪の各入国管理局及び東日本・大村の各入国管理センターに弁護士を派遣して出張法律相談を行う制度もあります（→ p39）。

(3) 日弁連委託援助（日弁連法律援助）

　法テラスの援助を受けるには、国籍による限定はありませんが、刑事事件で国選弁護人（→**18**）を選任する場合を除き、「我が国に住所を有し適法に在留する者」である必要があります（総合法律支援法30条）。従って、外国人の場合には、ある程度長期の在留資格を有することが必要であり、観光目的で来日し短期滞在の在留資格を有している場合や、在留資格がない場合には、原則として援助を受けることができません。ただし、この場合であっても、日弁連が費用を支出して法テラスに事業を委託している外国人に対する法律援助制度を利用することができます。

また、法テラスが弁護士費用・司法書士費用の立替を行うのは民事事件（家事事件を含む）のみですが、在留資格に関する手続、難民認定申請手続、労災保険（→36）や生活保護（→38）の申請手続などの行政手続であっても、対象者の人権救済のために必要であると認められるときには、同様に、日弁連委託事業による法律援助制度を利用することができます。この場合、在留資格の有無は問われません。

　この法律援助制度は、法律相談のみの場合も、事件を委任する場合にも利用することが可能です。相談者の資力について要件があることは、法テラスの場合と同じです。なお、日弁連委託援助の場合には、原則として費用を返還する必要がありません。

◆ 公的な機関問い合わせ先 ◆

○法テラス　（日本司法支援センター）

0570-078374　※ PHS・IP 電話からは　03-6745-5600

平日 9：00～21：00　土曜日 9：00～17：00

法的なトラブルの相談　内容に応じてもっとも適切な機関・団体などの情報を無料で提供

日本語・英語

○法テラス多言語情報提供サービス

0570-078377　　　9：00～17：00（平日）

問い合わせ内容：借金　離婚　労働　事故　震災関係など

利用者と通訳業者と法テラス職員の3者間で通訳

英語　中国語　ポルトガル語　スペイン語　韓国語

（渡部　典子）

2 くらし ── 仕事　福祉　教育

労働基準監督署・労働相談情報センター

> **労働基準監督署**：労働基準法および関連の法律に基づき、労働条件確保・改善の指導、安全衛生の指導、労災保険の給付などの業務を行っている、厚生労働省が設置した施設。
>
> **労働相談情報センター**：労働者や事業主に対し労務管理などの相談や労使紛争のあっせんなどを行っている、地方自治体が設置した施設。

(1) 労働基準監督署

　労働基準監督署の第一線には、労働基準監督官が配置されています。労働基準法（労基法）に基づく監督官の権限としては、事業所への臨時立入り検査、書類提出要求、尋問などが法定され、労基法違反の事実には、司法警察職員（刑事訴訟法190条）として逮捕、差押え、捜査の権限が認められています。

　労基法は、監督行政の実効確保のために、使用者に対し労基法や就業規則を職場の見やすい場所への掲示、備付けあるいは書面交付などによって労働者への周知を図ることとされ、労働者名簿や賃金台帳の調製義務およびこれらの保存義務を課しています。

　全国の都道府県に十数カ所から数カ所設置されています。ただし、外国人労働者の相談に対しては、通訳を配置するなどの対策が取られているわけではありませんので、通訳者もしくは外国人の問題に詳しい人が付き添った方が誤解等を防げて効率的と言えます。

(2) 労働相談情報センター

　例えば、東京都労働相談情報センターは、東京都の産業労働局が所管する労働行政の現場組織で、都内に6カ所設置されています。就業規則や賃金規定などについての指導・相談や賃金の不払いあるいは解雇・雇止め（→**32**）をはじめ、パワーハラスメントやセクシュアルハラスメント（→**47**）などの労働問題に関する相談や労使紛争のあっせんを行っています。飯田橋労働相談情報センター（千代田区）では、英語・中国語の通訳者を配置し、外国人労働者の相談にも応じています。全国の地方自治体の施設については、詳しくは、地元自治体へお尋ねください。

（加藤　博義）

ハローワーク・外国人雇用サービスセンター

ハローワーク：職を探している人を対象に職業紹介・職業指導を行う公共職業紹介所（職安）のことで厚生労働省の地方支部局の一つ。
外国人雇用サービスセンター：日本において就労が可能な在留資格を有する外国人を対象に、職探しを支援する厚生労働省が設置した施設。

(1) ハローワーク

　ハローワークは、生活の安定を図るために雇用保険（→**35**）の失業給付を行います。そのほか、求職者に職業訓練の機会を用意するなどして求職活動を支援する事業も行います。

　また、企業に対して求職者を紹介する求人事業も行います。求人する企業は、求人情報に労働条件を明記しなければなりません。業務内容、契約

期間、就業場所、賃金、労働時間、社会保険（健康保険・厚生年金保険）(→**37**)、労働保険（労災保険・雇用保険）(→**35, 36**)について明記して募集することになります。外国人には日本での就労資格で認められている範囲で仕事の紹介をすることとなります。現在、全国都道府県ハローワークでは、通訳者を置き、外国人への対応を行っています。特に2017年3月からは厚労省ハローワーク多言語コンタクトセンターが、英語、中国語、韓国語、ポルトガル語、スペイン語、タガログ語、ベトナム語、ネパール語、インドネシア語、タイ語の10の言語で外国人対応を行っています。

(2) 外国人雇用サービスセンター

卒業後の仕事を探す外国人留学生（→**7**）、専門的・技術的分野などいわゆる高度専門人材としての在留資格を持つ外国人（→**5**）、日本人の配偶者等・定住者・永住者（→**6**）など就労に制限のない在留資格を持つ外国人、アルバイトを希望する外国人留学生を対象に、雇用支援やアドバイスを行っています。東京外国人雇用サービスセンター（新宿外国人雇用支援・指導センターも所管）、名古屋外国人雇用サービスセンター、大阪外国人雇用サービスセンター、福岡学生職業センターと、全国に6ヵ所（新宿も入れると7ヵ所）に設置されています。　　　　　　　　　　（加藤　博義）

福祉事務所・社会福祉協議会

福祉事務所：都道府県と市に設置義務がある、社会福祉全般を担当する行政機関。
社会福祉協議会：地域や個別の福祉課題に取り組み、地域福祉を推進する非営利の民間組織。

（1）福祉事務所

　福祉事務所は社会福祉法14条に「福祉に関する事務所」として規定されています。福祉六法（生活保護法、児童福祉法、母子及び寡婦福祉法、老人福祉法、身体障害者福祉法、知的障害者福祉法）に定める援護、育成や更生の措置に関する事務を行う第一線の社会福祉の行政機関です。都道府県と市（特別区を含む）には設置が義務付けられており、町村は任意で設置することができます。その多くは、市区町村役場などの中にあります。

　福祉事務所は、所長をはじめ、社会福祉主事（→p61）の資格を持った指導監督員と現業員、事務員が配置されているほか、老人福祉の業務に従事する社会福祉主事、母子自立支援員、身体障害者福祉司、知的障害者福祉司なども配置されている場合があります。直接、住民からの相談に応じて、調査や必要な福祉への対応を行います。

① 生活保護（→**38**）：申請者の資産や環境の調査や、保護や措置の必要の有無の判断、本人に対する生活指導を行っています。

② 子どもと家庭：児童や妊産婦の福祉に関する相談や必要な調査、助産、母子保護を実施しています。家庭児童相談室が設置されているところには、家庭相談員が置かれています。児童相談所が高度な専門性を必要とする業務を行うのに対して、福祉事務所は地域に密着した機関として子どもの福祉に関する各種相談に応じるという役割があります。

③ DV被害者（→**47**）：DV防止法で被害者の自立支援に必要な措置を講ずる努力義務が課されています。

④ 母子家庭：母子自立支援員などが母子家庭の母や寡婦の自立に向けた情報提供、指導、求職活動などに関する支援を行っています。生活支援のための相談から関連施設の利用まで母子福祉全般についての相談に対応しています。

⑤ 高齢者：社会福祉主事などが実情把握、情報提供・相談、調査指導、施設への入所を行っています。

⑥ 障害者：身体障害者福祉司や知的障害者福祉司が配置され、実情把

握、情報提供・相談、調査指導、施設への入所を行っています。

　福祉事務所の協力機関として、民生委員があります。民生委員は、民生委員法に規定され、厚生労働大臣から委嘱されます。身分は民間人で無報酬のボランティアです。同時に児童委員も兼務しており、市町村長や福祉事務所に協力する役割があります。地域住民の必要に応じて訪問して相談に応じたり、助言や援助、福祉サービスを適切に利用するために必要な情報の提供、福祉事務所や関係行政機関の業務への協力などを行います。

(2) 社会福祉協議会

　社会福祉法に「地域福祉の推進を図ることを目的とする団体」として規定されています。行政機関である福祉事務所とは異なり、社会福祉協議会は、非営利の民間組織です。「社協」の略称で呼ばれることもあります。すべての都道府県・区市町村に設置されています。

　社協で活動するコミュニティソーシャルワーカー（CSW）は、制度の狭間にある個別の生活上の課題や地域の問題を解決するため、個人、家族に対する個別支援を行っています。高齢者や障害者への在宅福祉サービスの提供、ボランティアセンター・各種相談事業・社会福祉センター等の運営、ボランティア保険加入の窓口、日常生活自立支援事業・生活福祉資金制度の運営や窓口、共同募金への協力、インフォーマル資源の開発などの業務を行っています。また、民生委員や地域住民と共に、高齢者や障害者の一人暮らし、引きこもり、生活困窮、ホームレス、多重債務、ごみ屋敷、DVなど、既存の制度だけでは救うことが難しい制度の狭間に陥る問題を発見し、支援するためのセーフティーネットの仕組みづくりに取り組む社協もあります。

　このように、地域の福祉推進の中核としての役割を担って、地域の実情や多様なニーズに応えるために、それぞれの地域の特性を踏まえた様々な活動を行っています。

（青柳　りつ子）

配偶者暴力相談支援センター・婦人相談所・女性センター

配偶者暴力相談支援センター：配偶者からの暴力全般に関する相談窓口としての機能を持つ機関。婦人相談所や女性センターがその役割を担っています。
婦人相談所：都道府県が設置し、配偶者からの暴力被害等に苦しむ女性の保護を行う施設。
女性センター：都道府県、市町村が自主的に設置し、女性からの様々な相談に応じる総合施設。

(1) 配偶者暴力相談支援センター

　配偶者暴力相談支援センター（以下支援センター）は、DV（→**47**）被害者の保護において中心的な役割を担う機関として、DV防止法（配偶者からの暴力の防止及び被害者の保護に関する法律）に規定されています。

　この支援センターの機能を、婦人相談所や市町村が設置する女性センターなどが果たしています。配偶者暴力相談支援センターの名称自体が施設名に付く場合もありますが、多くは婦人相談所、女性相談所、ウィメンズプラザ、女性センター、男女共同参画センター、子ども家庭支援センターなどの機関で支援センターの機能を果たしています。支援センターは全国に276カ所あり（2017年9月1日現在）、「支援センター」のウェブサイトで一覧を確認することができます。

　支援センターの主な機能は、①被害者に関する各種問題への相談や相談機関の紹介　②被害者の緊急時の安全の確保と一時保護　③被害者が自立して生活することを促進するため、就業の支援、住宅の確保に関する制度の利用　④保護命令の制度の利用　⑤その他の援助、相談、連絡調整があります。

DVの被害者保護については民間団体の役割も大きいため、支援センターは、必要に応じて被害者保護などの活動を行う民間団体（→ p240）との連携に努めるとされています。

(2) 婦人相談所

婦人相談所は、売春防止法によって各都道府県に最低一つは設置が義務付けられていて、市は任意設置とされています。その呼び方は「婦人相談所」の他、「女性相談所」「女性センター」などがあり、配偶者暴力相談支援センターの機能を担う施設の一つとして位置づけられています。婦人相談員は、都道府県知事や市長から委嘱された非常勤の特別公務員として、保護を必要としている女性の早期発見に努め、相談などを行っています。

東京都女性センターでは、緊急の保護を必要とする場合に通訳による対応が可能である他、愛知県女性センターや神奈川の配偶者暴力相談支援センターでは、外国語による相談を受けています。

婦人保護施設は、家庭環境の破綻や生活の困窮など、様々な事情により社会生活を営むうえで困難な問題を抱えている女性も保護の対象として、生活型施設として支援を提供しています。その他の保護施設として、民間シェルターがあります。民間団体によって運営されており、暴力を受けた被害者が一時的に緊急避難できる施設です。現在、民間シェルターの中には、外国語による相談への対応を行っているところもあります。各都道府県・政令指定都市が把握している民間シェルターを運営する団体数は全国で115（2016年11月時点）です。民間シェルターは被害者の安全の確保のため、所在地が非公開になっています。

一時保護施設（シェルター）の利用法は、以下のとおりです。

DV被害者の安全を確保するための手段として、一時保護施設に避難する方法があります。一時保護施設には公的なものと民間によるものがあります。いずれも申し込みは福祉事務所を通じて行います。公的な一時保護施設は利用料は不要です。民間シェルターについても行政による一時保護

委託として利用する場合には利用料は不要ですが、そうでない場合は若干の利用料が必要です。子どもを連れての入所も可能ですが、男児の場合、施設によっては義務教育終了の年齢を超えている場合は一緒に入所できないことがあります。男児は児童相談所に相談の上、養護施設か一緒に避難できる民間シェルターを探すことになります。

(3) 女性センター

　都道府県、市町村等が自主的に設置している女性のための総合施設です。女性問題の解決、女性の地位向上、女性の社会参画を目的としています。自治体によってその呼び方は「ウィメンズプラザ」「女性相談所」「女性センター」「男女共同参画センター」「男女平等推進センター」「福祉施設」などです。DVのこと、子どものこと、母子家庭、各種手当てについてなど、女性に関わることであれば、あらゆる内容の相談が可能な施設です。「配偶者暴力相談支援センター」に指定されている施設や配偶者からの暴力専門の相談窓口を設置している施設もあります。

（青柳　りつ子）

児童相談所・一時保護所・児童養護施設

児童相談所：18歳未満の子どもに関する専門性の高い相談に対応する行政機関。
一時保護所：子どもを緊急保護し、その処遇を決めるために行動を観察する一時的な入所施設。
児童養護施設：適切な監護を受けることのできない子どもや保護者不在の子どもを養護し、生活の場を提供する施設。

(1) 児童相談所

　児童相談所は児童福祉法に基づく行政機関で、各都道府県と指定都市に必ず設置されています。運営は、児童相談所運営指針（厚生労働省のHPに掲載）に基づいて行われています。児童相談所は、0歳から18歳未満の子どもの健やかな成長を願って、子どもと家庭の様々な問題について相談援助活動を展開しています。相談方法は、電話、来所、書面などで、家族や周囲の人、福祉事務所（→p95）、警察、学校、保育所、保健所、児童委員などから持ち込まれます。相談できる主な内容は次のとおりです。

① 子どもの虐待（→**48**）：子どもの人権にかかわる問題に関する相談や通報
② 家庭の生活：保護者の病気、死亡、家出、離婚（→**23**）などの事情で子どもが家庭で生活できなくなった
③ 子どもの発達（→**46**）：知的発達の遅れ、肢体不自由、ことばの遅れ、虚弱、自閉傾向について
④ 子どもの生活：わがまま、落ち着きがない、友達ができない、いじめられる、学校に行きたがらない、チック等の習癖、夜尿など
⑤ 非行問題：家出、盗み、乱暴、性的いたずら、薬物の習慣など
⑥ 里親：里親として家庭で子どもを育てたい

　これらに対して、児童福祉司（→p61）や児童心理司などが対応にあたり、調査、判定、指導、措置、一時保護、施設入所などを行っています。障害児についての相談は身体障害者更生相談所や知的障害者更生相談所等と連携して相談や指導に当たっています。

　「児童相談所」が専門性の高い困難な事例の対応窓口である一方、区市町村が設置する「子ども家庭センター」は子どもと家庭に関する身近な総合相談窓口として18歳未満の子どもや子育て家庭に関するあらゆる相談に応じるほか、ショートステイなどの子ども家庭在宅サービス、子育てサークルや地域ボランティアの育成などを行っています。

　近年は児童相談所所長の権限が拡大されています。非行や虐待があるた

めに、子どもが家庭の中で生活しながら児童相談所が指導を行うことが困難なケースで、施設入所をさせる必要があるにもかかわらず、親権者や後見人が施設入所に反対している場合には、家庭裁判所（→**23**まめ知識）に送致したり、親権（→**24**）喪失の審判の申し立て、未成年後見人の選任および解任を家庭裁判所に請求することなどを行えるようになりました。

(2) 一時保護所

　児童の福祉や安全のために一時的に保護を行う必要がある場合、児童相談所所長は一時保護所で一時保護を行います。児童指導員や保育士が配置されており、棄児（捨て子）、家出した児童、虐待された児童などの緊急的な保護や処遇決定のための行動観察、短期の集中的な心理療法・生活指導などを行います。保護される期間は原則2カ月ですが、それ以上保護する必要がある場合は、2カ月経過するごとに都道府県知事が都道府県児童福祉審議会の意見を聞いて措置を決定することとなっています。施設の所在地は、虐待等の被害から保護するため非公開になっています。

　一時保護所への入所は、原則として子どもと保護者の同意が必要ですが、児童相談所が職権で行うことも可能です。

　外国につながる子どもの場合、保護者と子どもに対する同意の説得や、施設での生活ルールの理解を求める場面では、通訳の必要性が発生することがあります。福祉機関の現場では、通訳システムは確立されておらず、模索をしながら関係機関や民間の団体から協力を得て通訳を探し、依頼をしているのが現状です。

(3) 児童養護施設

　児童福祉法に基づく施設で、入所は児童相談所所長の判断に基づいて都道府県知事が入所の措置を決定する児童福祉施設です。対象となる子どもは原則1歳から18歳ですが、1歳未満や18歳〜20歳の子どもも対象となることがあります。保護者がいなかったり、親の病気、虐待（→**48**）され

ていることで適切な監護（→**24**）を受けることができない子どもを養護することを目的としています。入所している子どもは、施設を生活の場として学校に通います。施設では、職員や児童指導員、保育士らが直接児童に関わり、生活指導や学習指導、就職や進学の支援、自立支援、レクリエーションが行われます。また、家庭支援専門員（ファミリーソーシャルワーカー）が家族との関係を調整しています。

（青柳　りつ子）

保育所・幼稚園・子育て支援センター

保育所：保護者の就労などの理由で、0歳から小学校入学前の乳幼児を保育する厚生労働省所管の児童福祉施設。
幼稚園：満3歳から小学校入学前の幼児を対象とした文部科学省所管の教育施設。
子育て支援センター：就学前の子どもと保護者を対象にした厚生労働省所管の施設。

(1) 保育所

「保育所」の根拠となる法令は児童福祉法で、目的は、「日々保護者の委託を受けて、保育に欠ける乳児又は幼児を保育すること」です。所管は厚生労働省です。保護者が働いていたり、病気などで、家庭で十分保育をすることができない子どもを、保護者に代わって保育をして、子どもの心身の健全な発達を図る役割も有しています。保育所には大きく分けて、「認可保育所」と「認可外保育施設（無認可保育所）」があります。

「認可保育所」の場合は、入所の申し込みは区市町村に行います。4月

入所の申し込みは前年秋くらいの時期に行われるのが一般的です。なお、出産や病気による途中入所の申請も随時受け付けています。申込者が定員を上回る場合は、区市町村が選考します。多くの地域で、申し込みをした全ての子どもが入所できる状態ではなく、現在、政府は待機児童を解消するためのプランを進めています。なお、保護者が支払う料金は、収入によって決定されます。

「認可外保育施設」は、「認可保育所」以外の子どもを預かる施設で、保育者の自宅で行うものや少人数のものも含みます。その運営の実態は様々で、一時預かりなどを行うベビーホテルや駅型保育所、事業所内保育所などがあり、サービスの内容は施設ごとに異なります。申し込みは、施設に直接行うことが一般的で、料金はその施設が決めています。

(2) 幼稚園

「幼稚園」の根拠となる法令は学校教育法で、満3歳から小学校就学の始期に達するまでの幼児を対象としています。なお、就学する前の子どもに幼児教育と保育を一体的に提供して、地域の子育て支援を実施する「認定こども園」が2006年からスタートしました。

幼稚園の目的は「義務教育及びその後の教育の基礎を培うものとして、幼児を保育し、幼児の健やかな成長のために適当な環境を与えて、その心身の発達を助長すること」です。所管は文部科学省です。入園の申し込みは各幼稚園で行われますが、公立の幼稚園は区市町村の窓口が申込書の配布をするなどして行われることもあります。

(3) 子育て支援センター（地域子育て支援拠点）

厚生労働省の通達「特別保育事業の実施について」に基づく施設です。主体は市町村（特別区を含む）で、実施する施設は保育所などが指定されています。地域子育て指導者とその補助的業務を行う子育て指導者が配置され、0歳から就学前までの子どもと保護者、妊婦を対象に親子で遊んだ

り、情報交換や交流などが行われます。育児不安に関する相談・指導、子育てサークルなどの育成・支援、ベビーシッターなどの地域の保育資源の情報提供、子育て講座、短期緊急保育、一時預かり事業を行っています。

(青柳　りつ子)

保健所・保健センター

保健所：広域的に保健対策や健康に関するサービスを行う施設。
保健センター：保健所よりも身近に健康や子育てのサービスを実施する施設。

(1) 保健所

　地域保健法に基づいて、都道府県、政令指定都市、中核市、特別区に設置されています。地域住民の健康保持や増進を図る第一線機関として、広域的に以下の専門的なサービスを実施しています。

① 感染症の対策：健康診断、予防接種、訪問指導
② 母子保健対策：乳幼児健診、3歳児健康診査、未熟児の訪問指導や療育医療の給付、小児慢性疾患などの医療費助成制度の申請、母子保健・乳幼児健康相談など
③ 精神保健対策：精神保健福祉相談、医療・保護に関する相談
④ エイズ・難病対策：エイズ個別カウンセリング、難病医療相談
⑤ 食品衛生関係：飲食店などの営業の許可
⑥ その他、健康増進、環境衛生など公衆衛生活動

　保健所には医師、歯科医師、薬剤師、獣医師、保健師、栄養士など多くの保健医療職種が置かれています。精神保健福祉相談員は、精神保健や精

神障害者の福祉に関する相談に応じて、精神障害者（→46）やその家族を訪問して必要な指導を行います。

　身体的・精神的な健康のことで、どこに相談してよいか分からないときは、まずは保健所に相談してみるのも一つの方法でしょう。

　子どもの健診や予防接種などでは、外国につながる人も多く利用する機関です。外国語での対応をしている保健所は、ほとんど見られませんが、通訳の派遣を行っているところもあります。保健所の説明の中で、国際交流協会やNPOなどの外国語相談による生活相談の窓口が案内されることもあり、相談を受けた相談員は丁寧な聞き取りをして保健所や専門機関につなげる役割があります。

　エイズの相談や検査については、東京都新宿区の保健所などが外国語（英語、スペイン語、ポルトガル語、タイ語）による相談に対応しているほか、厚生労働省エイズ対策事業の一環として開設されたウェブサイト「HIV検査・相談マップ」では、外国語で相談ができる機関や団体の一覧を知ることができます。

（2）保健センター

　地域保健法に基づいて市町村に置かれています。健康相談、育児相談、子育て相談、心と体の健康相談といった相談を受け付けたり、保健指導、健康診査、その他、健康づくりを推進するための拠点となる施設です。

　妊娠から出産までの必要な知識を得ることのできる母親学級は、保健センターや保健所、出産する病産院で行っているところもあります。育児学級は、保健センターや保健所などで行われており、様々な内容のカリキュラムで知識を得たり仲間を作ったりすることができます。

　なお、都道府県と指定都市は精神保健福祉センターの機能を有する機関の設置が義務付けられています。精神保健福祉センターでは、複雑・困難な相談や指導を行っています。

（青柳　りつ子）

3 こころの医療

精神保健福祉センター

精神保健福祉センター：精神障害者や精神保健・福祉に関する相談などを行う施設。

　精神保健福祉法6条に定められた精神障害者（→46）の福祉の増進を図るために設置された公的な機関ですが、一般市民のこころの健康の保持と向上を図る機関でもあります。精神科医（→p78）、精神保健福祉士（→p79）、臨床心理技術者、保健師、看護師、作業療法士などが配置されています。精神保健福祉相談員が、精神障害者や精神保健・福祉に関する相談に応じ、時には精神障害者やその家族を訪問して必要な指導を行っています。

　都道府県単位、または政令指定都市に1カ所設置されています。都道府県によっては、精神保健医療センターが併設されています。

　都道府県によって、行われている内容に多少違いがありますが、こころの健康の保持と向上やこころの病を持つ人の自立と社会復帰を目的とした相談活動の他、研修や広報活動などが行われています。

　その他、自立支援医療費（→**46まめ知識**）の支給の認定、精神障害者精神保健福祉手帳の等級の判定、精神科病院の入院患者から入院に対する異議申し立てを受け付ける精神医療審査会の事務も行っています。

　ただ、外国人住民への対応については、通訳者の確保の問題もさることながら、まだスタッフに十分な知識があるとはいえませんので留意が必要です。

（阿部　裕）

4 外国の機関

大使館・領事館

大使館：本国を代表して外国や国際機構に派遣され、外交交渉を行うことを主たる職務とする外交使節を「大使」といい、その大使が執務する場所として派遣先の外国等に設置されるのが大使館。

領事館：外国において本国や在留自国民の利益の保護にあたる国家機関を「領事」といい、領事が執務する場所として外国に設置されるのが領事館。

(1) 大使・公使

国家が外国との交渉（外交）を行う際には、外国や国際機構にその国家を代表する者（「外交使節」）を派遣し、その国家を代表して様々な外交関係の処理にあたらせます。

外交使節の階級は通常は3階級に分かれており、上から順に「大使（英語では ambassador）」（正式には「特命全権大使（Ambassador Extraordinary and Plenipotentiary）」）→「公使（envoy または minister）」→「代理公使（Chargés d'affaires）」となるのが一般的です。

(2) 領事

これに対して、外交交渉ではなく、本国や在留自国民の利益の保護を外国において図ることを主たる任務とするのが「領事（consul）」です。派遣先の国（「接受国」）において、現地の産業・経済などに関する情報を収集して本国に報告する業務、現地にいる自国民が事故・災害等にあったと

きに保護するなどの業務のほか、本国に入国を希望する外国人に対して現地で査証（visa）を発給する業務などを行います。

領事の階級も、通常上から順に、「総領事（consul general）」→「領事」→「副領事（vice consul）」→「領事代理（consular agent）」となるのが一般的です（なお、定まった給与を支払わずに現地の国民や現地に長期滞在する自国民に対して領事業務を委嘱する場合は、「名誉領事（honorary consul）」という名称とされるのが一般的です）。

（3）大使館と領事館の相違点

例えば日本に在留する外国人が何らかの事情で本国の保護を求めたい場合には、日本に置かれた自国の「領事館」に連絡をとることになります。在日○○国領事館（または在日○○大使館領事部）という名称になっている場合が一般的です。

大使については、「外交関係に関するウィーン条約」によって手厚い保護を与えられることが保障されているため、接受国においては通常の在留外国人よりも大きな権利――具体的には、公館・公文書の不可侵、移動・旅行・通信の自由、課税・裁判権からの自由など――が与えられます（「外交特権」という）。

領事についても、「領事関係に関するウィーン条約」により（または日本との二国間で独自の領事条約を結んでいることもあり、その場合はそれにより）、大使同様の特権がある程度保障されていますが、保障の程度は大使と比較すれば低いと言えます。例えば、公館の不可侵について見ると、接受国機関は、大使館には無断で立ち入ることは一切できませんが、領事館には火災時などの緊急時には立ち入ることができる、といった具合です。

なお、日本に滞在する大使、領事などについては、「外交」の在留資格（→**3**）が付与され、大使館・領事館のコック、メイドなどについては「特定活動」（→**7**）の在留資格が付与されるのが通常です。

（関　聡介）

第3部

これだけは知っておきたい50の専門用語

用語の解説の読み方
　冒頭の部分は、外国人相談者に説明するための必要最小限の解説です。
　本文の解説部分は、通訳者のほか、相談事業に携わる全ての人に理解しておいてほしい基礎知識です。

1 国籍・無国籍・重国籍

> 国　籍：特定の国の構成員＝国民であるという資格。
> 無国籍：どの国からも国民としてみなされないこと。
> 重国籍：2つ以上の国籍を有すること。

(1) 国籍

国籍は、国家の構成員＝国民であるという資格です。

人は通常、生まれた時に国籍を取得します。国籍を決定する基準には、血縁と地縁を根拠にする二つの考え方があります。

前者、すなわち親の持っている国籍を出生と同時に継承する形で国籍を取得する方式を、「血統主義」といいます。血統主義には、父の国籍を継承する父系血統主義と、父または母のどちらかの国籍を継承する父母両系血統主義があります。日本は、1984年の国籍法改正で、父系血統主義から父母両系血統主義に転換しました。

他方で、生まれた国の国籍を出生と同時に取得する方式を「出生地主義」といい、この考え方を採用する国も多く存在します。

誰を国民とするかは、原則として各国の国内法に委ねられているため、国によって国籍を決定する方法は異なります。

国籍は「権利を持つための権利」とも言われており、現代の社会では国籍を媒介として様々な権利義務が付与される仕組みになっているのですが、そのような大事な権利が各国の国内法によってばらばらに決定されるところに問題の根源が存在します。

(2) 無国籍

どの国からも国民としてみなされず、国民としての扱いを受けない者を

無国籍者といいます。

　無国籍になる原因は様々です。国家が領域内にいる特定の民族に対し差別的に国籍を付与しない場合、出生地主義を採用する国の国籍を有する親から血統主義を採用する国の領域内で生まれた場合、「夫婦国籍同一の原則」の下に妻の国籍を夫の国籍に従わせたものの、離婚や夫の死亡などにより妻が国籍を失う場合などです。また、法によれば国籍を有するとされるものの国民登録がないことや国籍が証明できないことにより、実質的に無国籍状態に置かれている者もいます。

　無国籍に関して、主要な2つの国際条約があります。1954年に制定された「無国籍者の地位に関する条約」(無国籍条約) と1961年の「無国籍の削減に関する条約」です。無国籍条約では、無国籍者を「いずれの国家によっても、その法の運用において国民としてみなされない者」と定め、無国籍者に最低限の法的地位の保障を認めています。しかし、日本はいずれの条約にも加入していません。

(3) 重国籍

　重国籍とは2つ以上の国籍を有することです。1930年に制定された「国籍法の抵触に関連するある種の問題に関する条約」の前文では、すべての人が一つの国籍をもち、かつ、一つの国籍だけをもつべきであることが国際共同体の一般的な利益であることを確信すると述べ、重国籍は消滅されるべきものとしています。ただし、日本はこの条約に署名したものの批准はしていません。外国の中には政策として重国籍を認める国も存在します。

　日本は、原則として重国籍を認めていません。20歳になるよりも前に重国籍になった者には22歳までに、20歳以後に重国籍になった場合には重国籍となってから2年以内に国籍選択をしなければならないとする「国籍選択制度」を設けています（国籍法14条）。

（小田川　綾音）

2 国籍の取得・国籍の喪失・帰化

国籍の取得：出生その他の事由により、特定の国家の構成員たる資格を得ること。
国籍の喪失：国籍離脱その他の事由により、特定の国家の構成員たる資格を失うこと。
帰化：外国人が特定の国家の国籍取得を申請し、国家が当該国家の国籍の付与を認めること。

(1) 国籍の取得

　国籍の取得方法には、出生による生来的な取得と事後的な取得があります。事後的な日本国籍の取得には、届出による国籍取得と帰化があります。
　日本の国籍法は、子の出生時に父または母が日本国民であれば、自動的に子も日本国民とするという父母両系血統主義を採用しています（国籍法2条1号、1984年の改正前は父系血統主義）。ただし、日本で生まれた場合に父母ともに知れないまたは国籍を有しないときには、子は日本国民とすることを認めており、無国籍者の発生予防の観点から、出生地主義を補完的に採用しています（国籍法2条3号）。また、20歳になる前に日本人の父または母から認知された子は、国籍取得の届出をすることにより日本国籍を取得します（国籍法に関する2008年の最高裁大法廷判決の判断に従って、国籍法3条が改正されました）。

(2) 国籍の喪失

　日本の国籍法は、外国籍を取得した場合や外国籍を有する場合に限定して日本国籍が喪失することを規定しています（国籍法11条、13条）。
　そのため、日本人が外国で帰化をしたときは、自動的に日本国籍を失い

ます。また、重国籍である日本人が、外国の法令に従って外国籍を選択した場合、または法務大臣に日本国籍を喪失する旨の届出を出した場合にも日本国籍を失います。

さらに、日本人の親のもとに外国で生まれた子どもが出生により外国籍を取得した場合には、生まれてから3カ月以内に出生届とともに国籍留保の届出を出さなければ、子は出生時に遡って日本国籍を失います（国籍法12条、戸籍法104条）。なお、この場合であっても、20歳未満で日本で住所を有する状態で届出をする場合に限り、日本国籍の再取得が可能です（国籍法17条）。

(3) 帰化

日本における帰化とは、外国人が日本国籍を取得するために申請手続きを行い、法務大臣が許可することによって日本国籍を取得することです（国籍法4条以下）。帰化を許可するか否かは、法務大臣の自由裁量に委ねられているとされ、許可基準や具体的な判断プロセスは公表されていません。

帰化が認められるための主たる条件は、以下の通りです。

① 引き続き5年以上日本に住所を有すること
② 20歳以上であり、本国法によって行為能力を有すること
③ 素行が善良であること
④ 本人または生計を同じくする親族において独立して生計を営むことができること
⑤ 帰化によって従前の国籍を失うこと
⑥ 日本語能力（国籍法には定めがありませんが一般的に日本語の読み書き能力が確認されています）

ただし、日本人の配偶者など日本と一定の関わりがある者や子が日本で出生して無国籍である場合については、上記の帰化の条件が一部緩和されることがあります。

（小田川　綾音）

3 在留資格・査証・旅券

> **在留資格**：外国人が日本に適法に在留するための資格のこと。
> **査証（ビザ）**：外国人が入国する際に必要な推薦状的役割を有する証書（シール）のこと。日本の在外公館が発行。
> **旅券（パスポート）**：国外に渡航する際に滞在国や通過国に対し、自国民の国籍等の身分事項に証明を与え、国外での保護を依頼するための政府等が発行する公文書のこと。

(1) 在留資格

在留資格とは、外国人が日本に在留して従事することができる社会的活動、又は、在留できる身分、若しくは地位を類型化したものです。在留資格には、就労可能な在留資格と就労できない在留資格とがあり（→**9**）、さらに就労の中身も限定されている場合があります。

具体的には、「永住者」「日本人の配偶者等」「永住者の配偶者等」「定住者」のいわゆる身分系の在留資格（→**6**）及び「特別永住者」（→**6**）には就労制限がありません。したがって、現在、単純労働（専門的な知識等を必要としない比較的簡単な仕事）を目的とする入国は認められていませんが、身分系の在留資格による滞在者は単純労働も可能です（→**3 まめ知識**在留資格一覧表）。在留資格は、旅券に付された証印（シール）か在留カードの記載で確認できます。

(2) 査証（ビザ）

日本に入国しようとする外国人は、原則として、外国にある日本領事館等の在外公館（→ p107）において査証を取得しなければなりません。査証は全部で10種類（外交、公用、就業、留学、観光、一般、短期滞在、通過、

医療滞在、特定査証で、1次と数次があります。外務省 HP 参照）あり、在外公館ではその外国人が所持する旅券（パスポート）が有効なものであることを「確認」するとともに、申請書記載の日本において行おうとする活動又は申請人の身分・地位が、入管法に定める在留資格及び在留期間に適合しているかを審査して、旅券に証印（シール）を付することにより査証を発給します。これは、外務省が日本への入国に対して発行する「推薦状」のようなものといえます。したがって、査証は入国の推薦の役割であり、査証の所持が上陸許可を保証するものではなく、上陸許可の判断はあくまで入国審査において決定することになります。

ただし、短期滞在に限っては、日本国と相手国との関係（相互査証免除協定など）により相互に査証を免除している場合があります。最新の情報は外務省のホームページで確認できます。

なお、外国人はよく「在留資格」の意味で「ビザ」という用語を使っていますので、注意する必要があります。

(3) 旅券（パスポート）

旅券は、人が国際間を移動する際に必要な公文書のことをいいます。日本人の旅券を開くと、「日本国民である本旅券の所持人を通路故障なく旅行させ、かつ、同人に必要な保護扶助を与えられるよう、関係の諸官に要請する」と日本語と英語で書かれています。これが旅券の目的であり、旅券という公文書で政府等が自国民の国籍等の身分事項を証明することにより、外国への入国がスムーズに行われているということになります。

国によって旅券の種類は異なりますが、日本では、（一般）旅券、公用旅券、外交旅券、緊急旅券と4種類あります。そして、2006年には、ICチップ内蔵型の旅券の発給が日本でも始まりました。

また、旅券に代わる証明書として、「帰国のための渡航書」（日本への帰国を希望する外国にある日本国民に対して発給するもの）もあります。

（大貫　智恵子）

まめ知識　在留資格一覧表（2017年9月現在）

※これ以外に「特別永住者」があります。

在留資格	本邦において行うことができる活動	該当例	在留期間
外交	日本国政府が接受する外国政府の外交使節団若しくは領事機関の構成員、条約若しくは国際慣行により外交使節と同様の特権及び免除を受ける者又はこれらの者と同一の世帯に属する家族の構成員としての活動	外国政府の大使、公使、総領事、代表団構成員等及びその家族	外交活動の期間
公用	日本国政府の承認した外国政府若しくは国際機関の公務に従事する者又はその者と同一の世帯に属する家族の構成員としての活動（この表の外交の項に掲げる活動を除く。）	外国政府の大使館・領事館の職員、国際機関等から公の用務で派遣される者等及びその家族	5年、3年、1年、3月、30日又は15日
教授	本邦の大学若しくはこれに準ずる機関又は高等専門学校において研究、研究の指導又は教育をする活動	大学教授等	5年、3年、1年又は3月
芸術	収入を伴う音楽、美術、文学その他の芸術上の活動（この表の興行の項に掲げる活動を除く。）	作曲家、画家、著述家等	5年、3年、1年又は3月
宗教	外国の宗教団体により本邦に派遣された宗教家の行う布教その他の宗教上の活動	外国の宗教団体から派遣される宣教師等	5年、3年、1年又は3月
報道	外国の報道機関との契約に基づいて行う取材その他の報道上の活動	外国の報道機関の記者、カメラマン	5年、3年、1年又は3月
高度専門職	1号 　高度の専門的な能力を有する人材として法務省令で定める基準に適合する者が行う次のイからハまでのいずれかに該当する活動であつて、我が国の学術研究又は経済の発展に寄与することが見込まれるもの イ　法務大臣が指定する本邦の公私の機関との契約に基づいて研究、研究の指導若しくは教育をする活動又は当該活動と併せて当該活動と関連する事業を自ら経営し若しくは当該機関以外の本邦の公私の機関との契約に基づいて研究、研究の指導若しくは教育をする活動 ロ　法務大臣が指定する本邦の公私の機関との契約に基づいて自然科学若しくは人文科学の分野に属する知識若しくは技術を要する業務に従事する活動又は当該活動と併せて当該活動と関連する事業を自ら経営する活動 ハ　法務大臣が指定する本邦の公私の機関において貿易その他の事業の経営を行い若しくは当該事業の管理に従事する活動又は当該活動と併せて当該活動と関連する事業を自ら経営する活動 2号 　1号に掲げる活動を行った者であって、その在留が我が国の利益に資するものとして法務省令で定める基準に適合するものが行う次に掲げる活動 イ　本邦の公私の機関との契約に基づいて研究、研究の指導又は教育をする活動 ロ　本邦の公私の機関との契約に基づいて自然科学又は人文科学の分野に属する知識又は技術を要する業務に従事する活動 ハ　本邦の公私の機関において貿易その他の事業の経営を行い又は当該事業の管理に従事する活動 ニ　2号イからハまでのいずれかの活動と併せて行うこの表の教授、芸術、宗教、報道、法律・会計業務、医療、教育、技術・人文知識・国際業務、興行、技能の項に掲げる活動（2号のイからハまでのいずれかに該当する活動を除く。）	ポイント制による高度人材	1号は5年、2号は無期限

経営・管理	本邦において貿易その他の事業の経営を行い又は当該事業の管理に従事する活動(この表の法律・会計業務の項に掲げる資格を有しなければ法律上行うことができないこととされている事業の経営又は管理に従事する活動を除く。)	企業等の経営者・管理者	5年、3年、1年、4月又は3月
法律・会計業務	外国法事務弁護士、外国公認会計士その他法律上資格を有する者が行うこととされている法律又は会計に係る業務に従事する活動	弁護士、公認会計士等	5年、3年、1年又は3月
医療	医師、歯科医師その他法律上資格を有する者が行うこととされている医療に係る業務に従事する活動	医師、歯科医師、看護師	5年、3年、1年又は3月
研究	本邦の公私の機関との契約に基づいて研究を行う業務に従事する活動(この表の教授の項に掲げる活動を除く。)	政府関係機関や私企業等の研究者	5年、3年、1年又は3月
教育	本邦の小学校、中学校、高等学校、中等教育学校、特別支援学校、専修学校又は各種学校若しくは設備及び編制に関してこれに準ずる教育機関において語学教育その他の教育をする活動	中学校・高等学校等の語学教師等	5年、3年、1年又は3月
技術・人文知識・国際業務	本邦の公私の機関との契約に基づいて行う理学、工学その他の自然科学の分野若しくは法律学、経済学、社会学その他の人文科学の分野に属する技術若しくは知識を要する業務又は外国の文化に基盤を有する思考若しくは感受性を必要とする業務に従事する活動(この表の教授、芸術、報道、経営・管理、法律・会計業務、医療、研究、教育、企業内転勤、興行の項に掲げる活動を除く。)	機械工学等の技術者、通訳、デザイナー、私企業の語学教師、マーケティング業務従事者等	5年、3年、1年又は3月
企業内転勤	本邦に本店、支店その他の事業所のある公私の機関の外国にある事業所の職員が本邦にある事業所に期間を定めて転勤して当該事業所において行うこの表の技術の項又は人文知識・国際業務の項に掲げる活動	外国の事業所からの転勤者	5年、3年、1年又は3月
興行	演劇、演芸、演奏、スポーツ等の興行に係る活動又はその他の芸能活動(この表の投資・経営の項に掲げる活動を除く。)	俳優、歌手、ダンサー、プロスポーツ選手等	3年、1年、6月、3月又は15日
技能	本邦の公私の機関との契約に基づいて行う産業上の特殊な分野に属する熟練した技能を要する業務に従事する活動	外国料理の調理師、スポーツ指導者、航空機の操縦者、貴金属等の加工職人等	5年、3年、1年又は3月
技能実習	1号 イ　本邦の公私の機関の外国にある事業所の職員又は本邦の公私の機関と法務省令で定める事業上の関係を有する外国の公私の機関の外国にある事業所の職員がこれらの本邦の公私の機関との雇用契約に基づいて当該機関の本邦にある事業所の業務に従事して行う技能等の修得をする活動(これらの職員がこれらの本邦の公私の機関の本邦にある事業所に受け入れられて行う当該活動に必要な知識の修得をする活動を含む。) ロ　法務省令で定める要件に適合する営利を目的としない団体により受け入れられて行う知識の修得及び当該団体の策定した計画に基づき、当該団体の責任及び監理の下に本邦の公私の機関との雇用契約に基づいて当該機関の業務に従事して行う技能等の修得をする活動 2号 イ　1号イに掲げる活動に従事して技能等を修得した者が、当該技能等に習熟するため、法務大臣が指定する本邦の公私の機関との雇用契約に基づいて当該機関において当該技能等を要する業務に従事する活動	技能実習生	1年、6月又は法務大臣が個々に指定する期間(1年を超えない範囲)

	ロ 1号ロに掲げる活動に従事して技能等を修得した者が、当該技能等に習熟するため、法務大臣が指定する本邦の公私の機関との雇用契約に基づいて当該機関において当該技能等を要する業務に従事する活動（法務省令で定める要件に適合する営利を目的としない団体の責任及び監理の下に当該業務に従事するものに限る。）		
文化活動	収入を伴わない学術上若しくは芸術上の活動又は我が国特有の文化若しくは技芸について専門的な研究を行い若しくは専門家の指導を受けてこれを修得する活動（この表の留学の項及び研修の項に掲げる活動を除く。）	日本文化の研究者等	3年、1年、6月又は3月
短期滞在	本邦に短期間滞在して行う観光、保養、スポーツ、親族の訪問、見学、講習又は会合への参加、業務連絡その他これらに類似する活動	観光客、会議参加者等	90日若しくは30日又は15日以内の日を単位とする期間
留学	本邦の大学、高等専門学校、高等学校（中等教育学校の後期課程を含む。）若しくは特別支援学校の高等部、中学校（義務教育学校の後期課程及び中等教育学校の前期課程を含む。）若しくは特別支援学校の中学部、小学校（義務教育学校の前期課程を含む。）若しくは特別支援学校の小学部、専修学校若しくは各種学校又は設備及び編制に関してこれらに準ずる機関において教育を受ける活動	大学、短期大学、高等専門学校、高等学校、中学校及び小学校等の学生	4年3月、4年、3年3月、3年、2年3月、2年、1年3月、1年、6月又は3月
研修	本邦の公私の機関により受け入れられて行う技能等の修得をする活動（この表の技能実習1号及び留学の項に掲げる活動を除く。）	研修生	1年、6月又は3月
家族滞在	この表の教授から文化活動までの在留資格をもって在留する者（技能実習を除く。）又はこの表の留学の在留資格をもって在留する者の扶養を受ける配偶者又は子として行う日常的な活動	在留外国人が扶養する配偶者・子	5年、4年3月、4年、3年3月、3年、2年3月、2年、1年3月、1年、6月又は3月
特定活動	法務大臣が個々の外国人について特に指定する活動	外交官等の家事使用人、ワーキング・ホリデー等、経済連携協定に基づく外国人看護師・介護福祉士候補	5年、3年、2年、1年、6月又は法務大臣が個々に指定する期間（5年を超えない範囲）
在留資格	本邦において有する身分又は地位	該当例	在留期間
永住者	法務大臣が永住を認める者	法務大臣から永住の許可を受けた者（入管特例法の「特別永住者」を除く。）	無期限
日本人の配偶者等	日本人の配偶者若しくは民法（明治29年法律第89号）第817条の2の規定による特別養子又は日本人の子として出生した者	日本人の配偶者・子・特別養子	5年、3年、1年又は6月
永住者の配偶者等	永住者の在留資格をもって在留する者若しくは特別永住者（以下「永住者等」と総称する。）の配偶者又は永住者等の子として本邦で出生しその後引き続き本邦に在留している者	永住者・特別永住者の配偶者及び我が国で出生し引き続き在留している子	5年、3年、1年又は6月
定住者	法務大臣が特別な理由を考慮し一定の在留期間を指定して居住を認める者	第三国定住難民、日系3世、中国残留邦人等	5年、3年、1年、6月又は法務大臣が個々に指定する期間（5年を超えない範囲）

4 戸籍・住民票・在留カード・特別永住者証明書

> **戸籍**：日本国民の身分関係を日本政府が明確に把握するために、家(イエ)単位で身分関係事項を登録する制度。
> **住民票**：日本国民及び中長期在留外国人等の居住関係を日本政府が明確に把握するために、世帯単位で居住関係事項を登録する制度。
> **在留カード**：中長期在留外国人（特別永住者以外）の身分関係及び在留関係を証明するために発行され、携帯や呈示が義務付けられるカード。
> **特別永住者証明書**：いわゆる在日韓国・朝鮮人その他の特別永住者の身分関係及び在留関係を証明するために発行され、呈示が義務付けられるカード。

(1) 戸籍

　「戸籍」とは、日本国民の身分関係を家単位で把握するために作成・管理される記録です（従前は、公正証書原本である「戸籍簿」に記録されましたが、コンピューター化に伴い、「公正証書の原本として用いられる電磁的記録」に移行しました。戸籍法参照）。

　一つの戸籍は夫婦とその未婚の子で成り立っており、「家(イエ)」制度の名残を濃厚に引きずっています。戸籍の所在地（「本籍地」）のほか、戸籍の代表者（「筆頭者」）を始め、その戸籍に載っている各国民について、氏名・生年月日・筆頭者との続柄・婚姻等の身分関係事項などが記載されます。

　もともとは中国起源とされますが、本家中国の「戸口簿」も最近は以前よりも影が薄くなり、また日本の植民地支配の名残で戸籍制度が残存していた韓国でも近時廃止されたので、世界でも類を見ない異色かつ強力な国

民管理制度となっています。

　戸籍は、日本国民のみを対象としている制度なので、外国人（日本国籍を有しない外国籍者及び無国籍者〔→**1**〕）は、仮に日本に永住していても、戸籍に載ることはありません。また、外国人が日本人と婚姻しても、国籍には直接の影響が及ばないので、その外国人が"籍に入る"ことはありません（日本人の戸籍の身分事項の欄に、婚姻した相手としてカタカナで記載されるだけです）。帰化（→**2**）した場合には、日本国民として戸籍に載ります。

　なお、本籍地は、現実の居住等に全く関係なく自由に選ぶことができます。

(2) 住民票

　「住民票」とは、日本国民及び一部外国人の居住関係を明らかにするために作成・管理される記録です。

　住民票は、戸籍と違って個人単位で作成されています。住所地、世帯の代表者（「世帯主」）を始め、各住民の氏名、生年月日、性別、世帯主との続柄、本籍（外国人は国籍・在留資格）などが記載されます。さらに、この住民票を世帯単位で編成して「住民基本台帳」が作成されています。

　2012年7月8日までは住民票の登載対象は日本国民だけでしたが、7月9日以降は改正住民基本台帳法が施行されて、中長期滞在外国人（現有の在留資格に定められた在留期間が3カ月を超える外国人）等も新たに対象になりました。

(3) 在留カード

　2012年7月9日施行の改正出入国管理及び難民認定法（入管法）施行と外国人登録法廃止に伴い、在留管理が基本的に入管に一元化された上で、外国人登録証明書（外登証）に代わる証明書として新設されました。交付対象者は、中長期在留外国人〔「短期滞在」以外の在留資格（→**3**）を

有し、かつ、在留資格に付された在留期間が3カ月を超える外国人で、特別永住者（→6）以外の者〕のみです。

　また、中長期在留外国人の在留期間更新（→10）等の証印（シール）は、これまでは原則として旅券に押されて（貼付されて）きましたが、在留カード制度新設後は在留カードの交付をもって代えることとなり、旅券（→3）に証印は押されないのが原則となりました。このため、旅券を見て在留歴を一覧することは、これからはできなくなります。

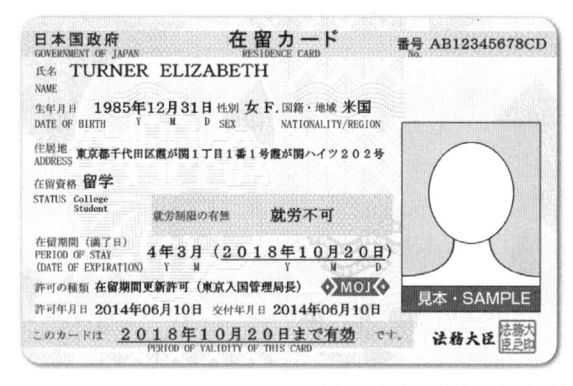

出典：入国管理局ホームページ

(4) 特別永住者証明書

　在留カードの「特別永住者ヴァージョン」とも言うべきものが、特別永住者証明書です。

　在日韓国・朝鮮人等の相当数が入管特例法上の「特別永住者」の在留資格を有しますが、これらの人々を対象に交付されるカードです。なお、在留カードと違って携帯義務はありませんが、（所持している場合には）呈示義務はあるという、非常に不思議な制度になっています。

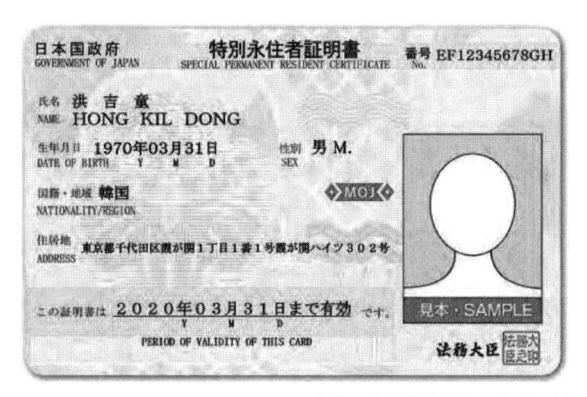

出典：入国管理局ホームページ

（関　聡介）

> **まめ知識**　　**外国人登録証明書（外登証）**
>
> 　2012年7月9日の「新しい在留管理制度」導入に伴って、外国人登録法（外登法）が廃止され、同法に基づいて外国人に交付されていた外国人登録証明書（外登証）も原則として廃止されました。在留カードや特別永住者証明書への切替には時間を要するので、それまでの一定期間（永住者、特定活動は2015年7月8日まで、それ以外の在留資格は、在留期間の満了日まで）は従前の外登証を在留カード等とみなす、との規定も設けられましたが、既にほぼ全ての外登証が切替を完了したと思われます。
>
> 　なお、外国人登録制度は、在留資格の有無にかかわらず登録対象としていたため、在留資格がない外国人（いわゆる不法入国者、不法残留者など）に対しても外登証が交付されていましたが、2012年7月9日以降は、そのような在留資格のない外国人に対しては証明書は一切交付されない扱いとなったため、現実の社会生活（身分証明書類の欠落）や居住する市区町村の役所からの行政サービスにあたって支障を来しているという声も、当事者からは聞かれます。
>
> （関　聡介）

5 技術・人文知識・国際業務、高度専門職、技能、経営・管理

> **技術・人文知識・国際業務**：専門的、技術的分野の業務に従事する外国人のための在留資格。
> **高度専門職**：高度な専門性を有する外国人のための新たな在留資格。
> **技能**：熟練した技能を活かす業務に従事する外国人のための在留資格。
> **経営・管理**：企業の経営・管理業務に従事する外国人のための在留資格。

(1) 技術・人文知識・国際業務

　2015年4月より、理系の「技術」と文系の「人文知識・国際業務」が、統合され、「技術・人文知識・国際業務」という包括的な在留資格になりました。この法改正は、文系・理系に関係なく外国人をより柔軟に受け入れたい産業界からのニーズに応えたものとされています。

　この3つの具体的な業務は次のとおりです。

〔技　　術〕自然科学（理学、工学、農学等）の分野に属する知識を必要とする業務に従事する活動
　　　　　　（例）コンピューター技師、バイオテクノロジー技師

〔人文知識〕人文科学（法律学、経済学、社会学等）の分野に属する知識を必要とする業務に従事する活動
　　　　　　（例）マーケティング業務従事者、経理担当事務員

〔国際業務〕日本文化の中では育まれないような、外国の文化に基盤を有する思考又は感受性を必要とする業務に従事する活動
　　　　　　（例）通訳、語学講師、海外取引業務、商品開発

　いずれも本邦の公私の機関との契約に基づくことが必要です。この契約は、雇用契約のみならず、委任、委託、嘱託、派遣等でもよく、継続した

契約であることとされています。

　また、許可要件は以下のとおりですが、共通のものとして、日本人が従事する場合に受ける報酬と同額以上の報酬を受けることが必要です。

〔技術・人文知識〕

次のいずれかに該当し、これに必要な技術又は知識を取得していること。

① 当該技術若しくは知識に関連する科目を専攻して大学を卒業し、又はこれと同等以上の教育を受けたこと
② 当該技術又は知識に関連する科目を専攻して本邦の専修学校の専門課程を修了（法務大臣告示の要件に該当する場合に限る）したこと。（専門士又は高度専門士）
③ 10年以上の実務経験を有すること（大学等の専攻期間を含む）

〔国際業務〕

次のいずれかに該当していること。

① 翻訳、通訳、語学の指導、広報、宣伝又は海外取引業務、服飾若しくは室内装飾に係るデザイン、商品開発その他これらに類似する業務に従事すること。
② 従事しようとする業務に関連する業務について3年以上の実務経験を有すること。ただし、大学を卒業した者が翻訳、通訳又は語学の指導に係る業務に従事する場合はこの限りでない。

　また、近年のITの進展に伴い、国はIT技術者の受け入れを積極的に進めています。そこで、法務省告示により認められているIT関係の試験合格者、資格の保有者に対しては、大卒要件又は実務経験要件を問わないという優遇措置を設けています（2013年11月27日付法務省告示第437号にIT関係試験列挙）。

(2) 高度専門職

　2015年4月施行の法改正により、日本の学術研究又は経済の発展に寄与することが見込まれる、高度の専門的な能力を有する外国人材の受け入

れ促進のために、「高度専門職」が創設されました。

　「高度専門職」には「1号」と「2号」があります。さらに、高度専門職1号は、（イ）高度学術研究活動（最先端科学研究者等）、（ロ）高度専門・技術活動（IT技術者等）、（ハ）高度経営・管理活動（ファンドマネージャー等）に3つに分類されています。

　「高度専門職」では、当該活動と併せて当該活動と関連する事業を自ら経営する等の活動も認められます。例えば、最先端の科学者が自分の研究をし、さらに、研究をベースにした会社の経営もできることになります。

　許可要件としては、法務省令で定める高度専門職基準（高度人材ポイント制）により、「学歴」「職歴」「年収」「研究実績」等の合計ポイントが70点以上であることが必要です。

　また、「高度専門職1号」の在留資格で3年以上在留すると、「高度専門職2号」への在留資格変更ができます。

　高度専門職の優遇措置は次のとおりです。

〈高度専門職1号の優遇措置〉

① 複合的な在留資格の許容

② 在留期間は最初から「5年」付与

③ 在留歴に係る永住許可要件の緩和

④ 配偶者の就労

⑤ 一定の条件の下で親の帯同

⑥ 一定の条件の下での家事使用人の帯同

⑦ 入国・在留手続の優先処理

〈高度専門職2号の優遇措置〉

① 「高度専門職1号」の活動と併せてほぼ全ての就労資格の活動をおこなうことができる。

② 在留期間が無期限になる。

③ 上記③から⑥までの優遇措置を受けることができる。

(3) 技能

「技能」とは、「熟練した技術を持つ外国人」のための在留資格です。

そのため、その外国人が就こうとしている業務のスキル（熟練度）がどのくらいあるかが重要なポイントになります。具体的な在留資格の許可要件として実務経験年数がありますが、その年数は職業によって異なっています。また、実務経験年数は短くても実力がある場合もあります。例えば国際的なコンテストで入賞したような場合です。受賞した賞の評価が高いものであれば、在留資格の許可が出る可能性があります。

ちなみに、この在留資格の取得者で一番多いのが調理師です。これはあくまでも外国文化に根差した調理師であり、実務経験は原則10年以上必要です。ただし、経済連携協定（EPA）によって、タイ料理の調理師は実務経験5年以上と許可要件が緩和されています。

基準省令に具体的に列挙されている職種は次のとおりです。

①外国料理の調理人、パティシエなど、②外国様式の建築技能者、③外国特有の製品の製造・修理技能者、④毛皮・宝石・貴金属加工の彫金師、⑤動物調教師、⑥石油探査・地熱開発など、⑦航空機操縦、⑧スポーツ指導者、⑨ソムリエ、など。

(4) 経営・管理

2015年4月から「投資・経営」の在留資格が「経営・管理」という名称に変わりました。この法改正は、企業経営及び管理活動のグローバル化に対応し、本邦における企業経営及び管理活動に従事する外国人の受け入れ促進を目的としています。法改正前の「投資・経営」の在留資格は外国資本と結びついた経営・管理活動に限られていましたが、法改正後は国内資本のみの企業（いわゆる日系企業）における経営・管理活動も可能となることから、「投資」が名称から消え、「経営・管理」と変更されました。

「事業の経営に従事する活動」は、代表取締役、取締役、監査役等の役員としての活動が該当します。「事業の管理に従事する活動」は、部長、

工場長、支店長等が該当します。
　「経営・管理」の許可要件としては、次の①～③のいずれにも該当していることが必要です。
　①　申請に係る事業を営むための事業所が本邦に存在すること。
　②　事業の規模が次のいずれかであること。
　　（イ）その経営又は管理に従事する者以外に本邦に居住する２人以上の常勤の職員が従事して営まれること。
　　（ロ）資本金の額又は出資の総額が５百万円以上であること。
　　（ハ）イ又はロに準ずる規模であると認められるものであること。
　③　申請人が事業の管理に従事しようとする場合は、事業の経営又は管理について３年以上の経験（大学院において経営等を専攻した期間を含む）を有し、かつ、日本人が従事する場合に受ける報酬と同等額以上の報酬を受けること。
　「経営・管理」の審査では、当該事業が適正に行われ、かつ、安定性及び継続性があるかを審査されます。上記（ロ）の許可要件の資本金等の充実は在留資格の審査においてプラス評価となるようです。
　なお、国家戦略特区を活用した取組みとして政府が設置した「東京開業ワンストップセンター」では、外資系企業やベンチャー企業等の開業手続を一元化するサポートを行っています。具体的には、行政手続に精通している職員又は専門家がFace to Faceの対応により法人設立に必要な手続等の相談を受け付けており、相談費用は無料で、外国語による対応もしていますので、活用をお勧めします。
　会社設立には専門的な手続が多くあるので、司法書士、行政書士などの専門家に依頼して会社を創るケースが一般的です。
　以下は、会社設立、「経営・管理」の在留資格許可申請までの簡単な流れです。
　①　事業計画書の作成（会社名、事業内容、資金計画等を決める）
　②　事務所の賃貸借契約（不動産会社で契約）

③ 定款の作成・認証、会社の印鑑作成（定款認証は公証役場）
④ 会社の銀行口座を設け資本金を入金（メインバンクを決定）
⑤ 会社設立登記（登記が完了すると「会社設立」となる）
⑥ 入管に「経営・管理」への在留資格変更申請等

（大貫　智恵子）

6　日本人の配偶者等・永住者・定住者・特別永住者

日本人の配偶者等：日本人と婚姻した外国人、日本人の子として出生した外国人、日本人の特別養子である外国人のための在留資格。
永住者：在留期間、在留活動に制限のない在留資格。
定住者：日系人であること、その他特別な理由を考慮したときに認められる在留資格。
特別永住者：いわゆる在日韓国・朝鮮人等とその子孫に認められた在留期間、在留活動に制限のない在留資格。

（1）日本人の配偶者等

「日本人の配偶者等」には次の外国人が該当します。

①日本人の配偶者
②日本人の特別養子（→**21**）
③日本人の子として出生した者等

①の「日本人の配偶者」とは、日本人と婚姻(→**20**)した外国人配偶者のことを指します。婚姻は当事者双方の母国の法律によって適法に成立していることが必要です。日本の民法では、婚姻期間中における相互扶助義務(第752条)が定められています。婚姻届が受理されただけではなく、同居し、互いに協力し、扶助し合って、社会通念上の夫婦たる共同生活者としての実態がないと法律上の婚姻とはいえない、というのが入管当局の解釈です。したがって、現在婚約中の者、すでに日本人配偶者と離婚している者、日本人配偶者が死亡している者は、この在留資格の対象外となります。

②の「日本人の特別養子」は民法817条の2に規定されている特別養子(→**21**)を指しています。特別養子は戸籍上の実子と扱うことから、この在留資格の対象になっています。一方、日本人と普通の養子縁組した「養子」については、この在留資格の対象外です。

③の「日本人の子として出生した者等」については、出生時に父または母のいずれか一方が日本の国籍(→**1**)を有していた場合、または本人の出生前に父が死亡し、かつ、その父が死亡のときに日本国籍を有していた場合が該当します。なお、本人の出生後、父または母が日本国籍を離脱した場合も、日本人の子として出生した事実に影響を与えません。

(2) 永住者

「永住者」とは、在留活動や在留期間の制限なく日本に在留することができる資格、またはその資格を有する者をいいます。活動制限もないことから社会的信用度が増し、金融機関からの融資を受けやすくなるなど生活におけるメリットも多くなるため、永住許可申請の相談は頻繁にあります。

法務省入国管理局が公表している「永住許可のガイドライン」によれば、「永住者」の許可要件として、次の要素が挙げられています。

① 「居住要件」：原則10年以上日本に居住していること。ただし、日本人配偶者等には緩和措置があります

② 「素行要件」：素行が善良であること。前科等（悪質な交通違反を含む。）がないこと。納税義務（→**34**）、社会保険料納付義務（→**35, 36, 37**）等公的義務を果たし、住民として社会的に非難されることのない生活を営んでいること
③ 「独立生計要件」：生活保護（→**38**）等の公共の負担による生活ではなく、本人または家族等の資産若しくは技能等により将来も安定した生活を送ることが可能であること

　これらを総合的に審査し「法務大臣がその者の永住が日本国の利益に合すると認めたときに限り、これを許可することができる」とされています。

　なお、永住者も入管法上は「外国人」（入管法2条1項2号）であり、在留カード（→**4**）の携帯義務もあれば、再入国許可制度（→**11**）も適用されます。また、重大な法違反がある場合は「退去強制」（→**11**）により本国等に強制送還されることもあります（永住者の在留カードは7年毎に更新が必要です）。

(3) 定住者

　「定住者」の在留資格は、入管法において「法務大臣が特別な理由を考慮し一定の在留期間を指定して居住を認める者」としていますが、具体的には入管法施行規則で「告示で定める地位を認められる者」と「それ以外の地位を認められる者」の2つがあります（「定住者告示」＝2006年3月29日付法務省告示第172号を参照）。

　「告示で定める地位を認められる者」（いわゆる「告示定住」）は、日系人やその配偶者等について定めており、かつてブラジルやペルーに渡った日系人の子孫がこの在留資格により大勢来日しています（ただし、日系二世は「日本人の配偶者等」で、三世が「定住者」です）。

　「定住者」の在留資格は活動制限がないため単純労働も可能であり、静岡県浜松市や群馬県太田市・大泉町などには多くの日系ブラジル人が工場労働に従事しています。

ところが、2005年に広島県で日系ペルー人が女児を殺害するという事件が起こりました。それまでは日系人は比較的容易に定住者の在留資格が認められていましたが、事件後は母国での犯罪歴に関する証明書の提出が必要となる等、要件の厳格化が図られました。

　告示以外の者（「告示外定住者」と通称）については、法務大臣（委任を受けた入管）が個別の事情を考慮し、判断することになります。具体的には、日本人や永住者と死別または離婚した後、引き続き在留を希望する者、日本人との実子（→21）を扶養する者が該当します。

(4) 特別永住者

　「特別永住者」とは、終戦後も引き続き日本に居住している在日韓国人・朝鮮人、台湾人、及びその子孫のための特別に認められた在留資格です。特別永住者は長年日本で生活をしていることから、外国人に適用する入管法ではなく入管特例法を適用します。「特別永住者」は、在留期間、就労などの制限なく在留できることになっており、次のような特別に優遇または配慮した規定も設けられています。

　（優遇または配慮した制度の一部）
① 在留カードではなく、特別永住者証明書（→4）が交付されます
② みなし再入国許可（→11 **まめ知識**）の有効期間は出国後2年以内
③ 再入国許可の有効期間の上限は6年
④ 再入国時の顔画像提出と指紋押捺は免除
⑤ 退去強制となる条件の限定

　特別永住者証明書の更新の窓口は、入管ではなく、住所地の市区町村となっています。

（大貫　智恵子）

7 留学・研修・技能実習・特定活動

> **留学**：小学校、中学校、高校、大学、日本語学校等で教育を受ける外国人のための在留資格。
> **研修**：実務研修を伴わない講習のみの研修を受ける外国人のための在留資格。
> **技能実習**：日本の産業・職業上の技能等を習熟する外国人のための在留資格で、雇用契約の締結が必要。
> **特定活動**：法務大臣が個々の外国人について個別の活動内容を指定する在留資格。

(1) 留学

　この在留資格は、外国人が日本において教育を受ける場合に必要な在留資格です。一般的な「留学」のパターンは、まず、日本語学校に通学し、その後大学・大学院等に進学するというものです。かつては、日本語学校の学生には「就学」の在留資格を与え、大学生等の「留学」とは分けていましたが、現在はどちらも同じ「留学」の在留資格になりました。

　日本語学校は法務省告示により指定された対象校（小学校、中学校、高等学校、大学、大学院、高等専門学校、特別支援学校、専修学校、各種学校等）についてのみ「留学」が認められます。また、大学には、短期大学、大学院、付属の研究所等が含まれます。

　2015年1月1日から「留学」の対象学校に、小学校、中学校が新たに加わりました。これは、教育現場において、小・中学生のスポーツ選手を受け入れたいという強い要望があったためとされています。この法改正が学校現場の低学年からの国際化に寄与することが期待される一方、親が同伴しない小・中学生の生活支援および安全の確保等の問題があり、今後官

民がどのようにフォローしていくかは大きな課題です。

(2) 研修

　研修・技能実習制度は、日本で開発され培われた技能・技術・知識を開発途上国等へ移転し、そのことにより開発途上国等の経済発展を担う「人づくり」に国際貢献するという名目で創設された制度です。

　ところが、研修生や技能実習生の受け入れ機関の中には、低賃金労働者として扱う業者や、あっせん料として不当な利益を得るブローカーが存在するなど、研修生、実習生の保護が急務となってきました。そこで、2010年7月の法改正により、在留資格の定義を厳格化し、座学のみの講習は「研修」の在留資格で、実務研修を伴う研修は新たな在留資格である「技能実習」として明確に区分することになりました。

　「研修」の在留資格では、実務研修かどうかの判断が難しいケースがありますが、試作品製作実習のような場合は、「商品」を製作する場所と時間帯を区分して行うのであれば「非実務研修」に該当するとされています。また、「研修」の場合は労働者ではないので、講習手当の支払いは任意となっています。

　なお、国の機関、JICA等が実施する公的研修は全て「研修」です。

(3) 技能実習

　技能実習制度では、実務研修を行う場合、原則、雇用契約に基づいて技能等の修得をする活動を行うことを義務付け、技能実習生が労働基準法や最低賃金法等の労働関係法令上の保護を受けられるようにしています。

　「技能実習」で行うことができる活動内容は入管法別表第1の2に定められており、最初は「技能実習1号」で、次のステップとして「技能実習2号」があります。さらに、技能等を習得する活動「イ」(企業単独型)と技能等を要する業務に従事する活動「ロ」(団体監理型)に分けられているので、全部で4つの活動の区分があります。

技能実習を行うためには3年間の技能実習計画を策定し、1年目、2年目、3年目と到達目標を定め、毎年技能検定により実習の成果を確認していきます。

　技能実習生に対しては、失踪等問題事例の発生防止を口実として、旅券、在留カードを取り上げたり、管理費の名目で不当な控除が行われるといった事案の存在が指摘され続けてきました。現在も問題が全て解決されたとはとてもいえない状況であり、さらなる改善が望まれます。国内の受け入れ企業等の中には慢性的な人手不足の解消のため、技能実習生を活用したいと考えているところが数多くあり、社会全体で制度の悪用には目を光らせる必要があります。

　技能実習制度自体の廃止を求める声もある中、日本政府はこの制度を維持する方針は変えないまま、制度内容の手直しを続けています。2017年11月からは、法改正により、実習実施者は技能実習生ごとに技能実習計画を作成し、その技能実習計画が適当である旨の認定を受けることになりました。実習実施者は認定を受けた技能実習計画に従って技能実習を行う必要があります。そして、優良な実習実施者・監理団体に限定して、第3号技能実習生の受入れ（4〜5年目の技能実習の実施）を可能とする内容も盛り込まれています。

　※　団体監理型は、商工会、中小企業団体等が実施する技能実習。
　※　外務省の外郭団体であるJITCO（(公)国際研修協力機構）HP、「技能実習生の入国・在留管理に関する指針」を参照
　※　技能実習計画の認定は、2017年1月に設立された外国人技能実習機構が担うこととされています。

(4) 特定活動

　日本に滞在する必要性が認められながらも、既存の在留資格に当てはまらないものは「特定活動」の在留資格により、限定された活動の範囲内で在留することになります。具体的には法務大臣（実際には入管）が作成した「指定書」に記載された指示内容の範囲で活動することになります。

指定書の内容としては、平成2年5月24日法務省告示第131号により定められた指定活動と法務大臣が認めた告示外の指定活動とがあります。前者の告示による指定活動としては、外国人の家事使用人、ワーキングホリデー、アマチュアスポーツ選手、インターンシップ、医療滞在、高度専門職外国人と同居する配偶者、父母等が挙げられます。

　なお、ワーキングホリデーの場合は、就職はできませんが、アルバイト程度の労働は認められています。

　一方、告示外の活動例としては、離婚訴訟や出国準備のための活動等があります。

（大貫　智恵子）

まめ知識　外国人による介護

　高齢化が進む中、質の高い介護に対するニーズが増大していることを背景に、2014年、政府の「日本再興戦略」において、介護福祉士等の国家資格を取得した外国人留学生の就労を可能とするため、在留資格の拡充が決定されました。

　そして、2017年9月から、新たな在留資格「介護」が創設されました。その活動内容は、「本邦の公私の機関との契約に基づいて介護福祉士の資格を有する者が介護又は介護の指導を行う業務に従事する活動」とされています。

　入管がイメージする「介護」までの流れは以下のとおりです。
① 外国人留学生として入国・上陸許可（在留資格「留学」）
② 介護福祉士養成施設で修学（2年以上）
③ 介護福祉士の国家資格取得
④ 在留資格変更　「留学」⇒「介護」
⑤ 介護福祉士として業務に従事

（大貫　智恵子）

8 難民・庇護希望者・移民

難民：本国での迫害を逃れ、他国に庇護を求める人。
庇護希望者：他国に逃れて保護を求める人、まだ公式には難民として認定されていない人。
移民：本国から他国へ移り住む人。

(1) 難民

「難民」(Refugee) という言葉は多義的ですが、一般的には、戦争や民族紛争などのために自国（居住地）を追われ、他国へ逃げた者をイメージされることが多いでしょう。

1951年に制定された「難民の地位に関する条約」（難民条約）、1967年に制定された「難民の地位に関する議定書」（難民議定書、以下では両者をあわせて「難民諸条約」といいます）は、「難民」を次のように定義しています。

すなわち、難民とは

① 「人種」、「宗教」、「国籍」、「特定の社会的集団の構成員であること」、「政治的意見」を理由に、迫害を受けるおそれがあるという十分に理由のある恐怖を有すること

② 国籍国（または常居所を有していた国）の外にいる者であること

③ その国籍国の保護を受けることができない、またはそのような恐怖を有するためにその国籍国の保護を受けることを望まない者であること。または、常居所を有していた国に帰ることができない者またはそのような恐怖を有するために常居所を有していた国に帰ることができない者をいいます

日本は1981年に難民条約に加入し、翌年に難民議定書に加入して同年

難民認定手続きを設置しました。その際、出入国管理及び難民認定法（入管法）が整備され、入管法においても「難民」の定義は難民諸条約と同じものを用いると定めました（入管法2条3号の2）。

1982年から難民認定手続きの運用が開始され、日本政府は難民の定義に該当する者を「難民」として認定し、難民諸条約上の保護を与えています。年間の難民申請者数は、制度発足後約20年間は数十人から数百人程度へと漸増傾向にありましたが、その後急増し、2008年には1500人、2013年には3000人、2014年には5000人にそれぞれ達し、2016年にはついに年間1万人の大台を超えました。一方で、年間の難民認定数は2008年には過去最高の57人となったものの、その後はむしろ減少傾向となり2013年6人、2014年11人、2016年28人、という状況にあります。

日本政府は、2010年からミャンマー出身の難民を、第三国定住制度によってパイロット的に受け入れるようになりました。第三国定住とは、すでに母国を逃れて難民となっているものの、一次避難国では保護を受けられない人を他国（第三国）が受け入れる制度です。ただし、この第三国定住制度を利用して来日した「難民」は、「定住者」の在留資格を付与されているものの、日本国内での難民認定を自動的に受けているわけではありません。

なお、難民不認定の場合でも、「人道配慮」による在留（特別）許可がなされる時のみ、「特定活動」または「定住者」の在留資格が付与される場合があります。

(2) 庇護希望者

広い意味では、難民として保護を受けることを希望している人全般を、庇護希望者（Asylum Seeker）と呼びます。狭い意味では、難民認定申請をしているもののまだ認定を受けていない人、すなわち、難民申請者を指すこともあります。

日本の入管法で「庇護」という言葉が用いられている制度として、一時

庇護上陸制度があります（入管法18条の2）。

　これは、難民条約に規定する理由その他これに準ずる理由により、生命、身体または身体の自由を害されるおそれのあった領域から逃れてきており、かつ、その外国人を一時的に上陸させることが相当である場合に、日本政府が緊急措置として暫定的な上陸許可を認める制度であり、本来であれば成田国際空港をはじめとする国際空港に到着して直ちに庇護を求めた庇護希望者に適用されることが予定される法制度ですが、長年にわたって制度全体が形骸化しており、日本全国での年間許可件数が0～10件に止まってきました。

(3) 移民

　移民とは、特定の理由に限定されることなく、国境を超えて自国から他国に移動する人のことをいいます。近年では、移民を指すときに「移住者」「移住労働者」という用語も使われています。

　移民・移住労働者の権利全体を保護する国際規範として、2003年に「移住労働者権利条約（すべての移住労働者及びその家族の権利保護に関する）」が誕生しましたが、日本はまだ条約に加入していません。

（小田川　綾音）

9 就労資格証明書・資格外活動許可

> **就労資格証明書**：日本に在留する外国人が行うことができる就労活動の内容を証明する文書。
>
> **資格外活動許可**：本来の在留目的以外の活動を行おうとするときに必要とされる許可。

(1) 就労資格証明書

　外国人を雇用しようとする者は、その外国人が日本で就労する資格があるかどうかあらかじめ確認したいと考え、また、在留資格（→3）を付与された外国人本人も、転職する際に雇用主に対して自分が就労できる活動内容の範囲を証明できればより便利といえるでしょう。

　そこで、入管法では雇用主と外国人双方の利便性向上のため、外国人本人が希望する場合には、その外国人が行うことができる就労活動を具体的に示した就労資格証明書を交付して、就労活動の内容を容易に確認できるようにしました。

　ただし、就労資格証明書は就労活動の許可書ではないので、転職後の就労を入管が保証したわけではなく、また、この文書がなければ就労できないわけでもありません。そこで、入管法19条の2第2項においては、「就労資格証明書を提示又は提出しないことを理由として、不利益な扱いをしてならない」としています。

(2) 資格外活動許可

　入管から許可を受けた在留資格の活動範囲を超えて活動しようとする場合、あらかじめ「資格外活動許可」を受けることが必要です。例えば、留学生（→7）の本来の在留目的は学業なので、アルバイトは「資格外」と

なり、「資格外活動許可」が必要になります。留学生に認められるのは、学業に影響の出ない働き方として、労働時間は週28時間までです。また、風俗業など留学生にふさわしくない労働は認められません。資格外活動許可は包括的なものなので、アルバイトをいくつか掛け持ちしても構いませんが、総労働時間は週28時間が限度です。

　ただし、大学等の長期休暇期間に限っては1日8時間まで働くことができます。この場合、週28時間の制限はなくなり、労働基準法の上限が限度時間になります。現在多くの大学等で資格外活動許可申請を代行（取次）しており、留学生の便宜を図っています。

　また、「家族滞在」で在留している場合も、資格外活動許可を受ければ包括的に週28時間まで働くことができます。

　この制度は在留資格に付帯する許可制度ではありますが、過去には資格外活動許可を受けていないことが原因で退去強制となったケースがありましたので、注意が必要です。

（大貫　智恵子）

■実務上の資格外活動の許可例（在留資格別）

在留資格		許可の区分	就労可能時間	
			1週間の就労可能時間	長期休業期間の就労可能時間
留学生	大学等の学部生及び大学院生	包括許可	一律28時間以内	1日につき8時間以内
	大学等の聴講生・専ら聴講による研究生			
	専門学校等の学生			
家族滞在				
特定活動（継続就職活動若しくは内定後就職までの在留を目的とする者又は、これの者に係る家族滞在活動を行う者）				
文化活動		個別許可（勤務先、仕事内容を特定）	許可の内容を個別に決定	

10 在留資格の取得・在留資格の変更・在留期間の更新

> **在留資格の取得**：日本にいる間に日本国籍を離脱して外国人となった場合や、外国人が日本で出生した場合に、新たに何らかの在留資格を取得すること。
> **在留資格の変更**：現在有する在留資格とは別の種類の在留資格へと変更すること。
> **在留期間の更新**：現在有する在留資格の期間の満了にあたり、在留資格の種類を変えずに期間を延長すること。

(1) 在留資格の取得

　日本国籍（→*1*）の離脱や出生等の事由により、入管法に定める上陸手続きを経ることなく日本に在留することとなる外国人は、入管法上、一定の手続きを行うことが必要になります。具体的には、その事由が生じた日から引き続き60日間を超えて日本に在留しようとする場合、その事由が生じた日から30日間以内に在留資格（→*3*）の取得をしなければなりません（入管法22条の2）。言い換えれば、これらの事由が生じた日から60日目までは引き続き在留資格を有することなく、在留することが可能であるということです。もし、在留資格の取得をせずに60日間を超えて日本に滞在したときは非正規滞在となりますので、在留資格取得の許可申請のタイミングには注意が必要です。特に、出生した子が日本国籍を有しない場合（外国籍か無国籍）は入管への「在留資格取得許可申請」を忘れがちなので、専門家等による適切なアドバイスが重要になります。

　外国籍・無国籍（→*1*）の子の出生時に必要な手続きは、概ね次のとおりです。

①　出生後 14 日以内に住所地の市区町村役場に出生届を提出
　⇒出生届受理証明書を発行してもらいます（入管に提出）。
②　子どもの在留資格取得の申請
　⇒出生日後 30 日以内に住所地管轄の入管で手続きをします。
③　子どもの旅券（→3）の作成手続き
　⇒国籍国の在日公館等で手続きをします（②の後でも OK）。
なお、入管の HP から、入管に提出する許可申請書のダウンロードができます。

(2) 在留資格の変更

　外国人が在留目的を変更して別の在留資格に該当する活動を行おうとする場合は、法務大臣に対して在留資格の変更許可申請をしなければなりません。例えば、留学生の就職が決まり、「留学」(→7)から「技術・人文知識・国際業務」(→5)へ在留資格を変更するような場合です。

　在留資格変更許可申請は一旦出国することなくでき、在留期限内に許可申請をしていれば、仮に在留期限が過ぎても最長 2 カ月まで引き続き同じ在留資格で在留することが認められています（入管法 20 条 5 項）。在留資格の変更許可が出れば就職後、許可の範囲内で働くことが可能となります。

　留学生の在留資格変更許可申請の場合であれば、入管は、留学生の大学等での勉強内容と就職後に実際に行う業務の内容との関連性（近時はこの点の要件は緩和されています）、留学生本人の成績、授業への出席率、さらに、就職先の会社等の事業の「安定性」と「継続性」等について審査をします。

　結果的に在留資格の変更が認められなかった場合は、出国準備の「特定活動」(→7)に在留資格を変更して認められた期間内に一旦出国するか、あるいは別の在留資格への変更許可申請を試みるかを選択しなければなりません。

　なお、「短期滞在」の在留資格については、原則として、他の在留資格への変更はできないことになっています（入管法 20 条 3 項ただし書き）。

(3) 在留期間の更新

　在留資格を有している外国人は、原則として付与された在留期間に限って在留が可能です。

　しかしながら、付与された在留期間では在留目的を達成できない場合に、一旦出国することなしに在留期間更新の許可申請ができます（入管法21条）。

　そして、許可申請中であれば、仮に在留期限が過ぎても最長2カ月まで引き続き同じ在留資格で在留できるのは、在留資格変更許可申請と同じです。在留期間更新の許可が出た後は、在留期間は延長されるので、在留期間の更新前と同じ活動を続けることができます。

　この許可申請は、在留期限の概ね3カ月前から可能です。「在留期限」は在留カードに記載されていますが（短期滞在の場合のように在留カードではなく旅券に証印が付されている場合もあります）、期限内に更新や変更等の申請をすることなくこの期限を過ぎてしまういわゆるオーバーステイとなり、退去強制（→**11**）の対象となります。

　また、外国人が転職して勤務先が変わった場合の在留期間の更新許可申請の場合は、同じ在留活動であっても新たな勤務先の会社についての審査があるので、審査期間も当然長くなる傾向があります。

（大貫　智恵子）

11 退去強制・出国命令・出国・再入国許可

> **退去強制**：退去強制事由に該当する外国人を、強制的に国外に退去させること。
> **出国命令**：退去強制手続の例外として、一定の条件を満たす外国人が摘発される前に自主的に入管に出頭して帰国を希望した場合には、収容せずに帰国させる制度。
> **出国**：外国人が入国審査官から確認を受けて日本を出ること。
> **再入国許可**：日本に在留する外国人が、出国前の在留資格を保持したまま、本国または第三国へ向けて出国し、一定期間内に再度日本に上陸するために必要な許可。

(1) 退去強制と出国命令

いわゆるオーバーステイや不法入国（偽造パスポートでの入国等）など、入管法が定める退去強制事由（入管法24条）がある外国人について入管法上の退去強制手続が開始されたときは、最終的に日本での在留が認められない限り、退去強制令書が発付され、強制的に日本から退去させられることになります。これを、「退去強制」といいます。

退去強制手続が開始された場合には、収容令書によって入管に収容（身柄拘束）するというのが入管法の建前ですが、入管実務では、入管に自主的に出頭した場合には、収容令書は発付されてもすぐに仮放免（→**13**）が許可され、実際に身柄を拘束されないことも多いようです。ただし、在留特別許可（→**12**）を求めて出頭したものの、最終的に認められなかった場合には、その判断が出た時点で、退去強制令書により収容される可能性が高くなります。

一旦退去強制になった外国人については、原則として5年、以前に退去強制となったことがある場合は10年、上陸拒否期間として日本への入国が拒否されます（入管法5条1項9号）。また、一定の刑事前科に該当する場合には、永久に上陸を拒否されることになります。ただし、例外的に、上陸拒否期間であっても、特別に上陸が許可されることもあります（入管法5条の2、12条）。

　こうした退去強制の例外として、外国人が摘発前に自主的に入管に出頭して速やかに帰国する意思があることを表明した場合であって、一定の要件（不法入国ではないこと、以前に退去強制や出国命令を受けたことがないこと、入国後に窃盗罪等の犯罪により懲役または禁錮以上の刑に処せられたことがないこと、不法残留以外の退去強制事由にあたらないこと）を満たす場合には、「出国命令」という簡易な手続で出国することができます（入管法55条の2以下）。この制度で帰国する場合、収容される心配がない、上陸拒否期間が1年に短縮されるといったメリットがあります。ただし、1年が過ぎれば日本に戻れることが保証されているわけではありません。また、自主的に出頭した場合でも、日本での在留を希望して在留特別許可を求めている場合には出国命令の対象とはならず、結果として在留が認められなかった場合には、退去強制されることになります。

　なお、出国命令の要件を満たさない外国人（例えば偽造旅券で入国した不法入国者など）であっても、帰国の意思をもって自主的に出頭した場合には、退去強制手続は開始されるものの、実際には身柄拘束は行わず、帰国する航空券を持って出頭する日時を指定するなどの取扱いを行うことが多いようです（ただし、この場合も法的にはあくまで退去強制になりますので、上陸拒否期間も通常の退去強制と同様です）。

(2) 出国と再入国許可

　外国人が日本から出国しようとするときには、入国審査官から出国の確認を受ける必要があります。入管法の原則によれば、日本に在留する外国

人が日本を出国（「単純出国」）すると、在留期間内であっても従前の在留資格を失うことになり、再度入国するためには新たに上陸のための手続をとらなければなりません。これは、永住者や特別永住者（→**6**）でも同じです。しかしながら、事前に再入国許可を得たうえで出国すれば、出国前の在留資格を保持したまま簡便な上陸審査手続によって入国することができます（入管法26条）。再入国許可の有効期間は5年（特別永住者は6年）以内で、かつ、現在の在留期間の範囲内です。再入国許可の有効期間に再入国できない事情がある場合に、一定の要件を満たせば、有効期間の延長が認められます。

（渡部　典子）

まめ知識　　みなし再入国許可

2009年入管法改正によって、みなし再入国許可という簡易な制度が新設されました（入管法26条の2）。有効な旅券（→**3**）と在留カード（→**4**）を所持する外国人が再び日本に入国する意思を表明して出国した場合、出国後1年（特別永住者は2年）以内であれば、事前に再入国許可を受けていなくても、従前の在留資格を保持したまま入国することができます。ただし、この期間を延長することはできません。

みなし再入国許可制度導入以降は、多くの場合再入国許可を事前に受ける必要はなくなりましたが、上陸拒否事由（入管法5条）がある外国人の場合など、特別なケースでは、やはり従前同様事前に許可を受けておく必要があります。

（渡部　典子）

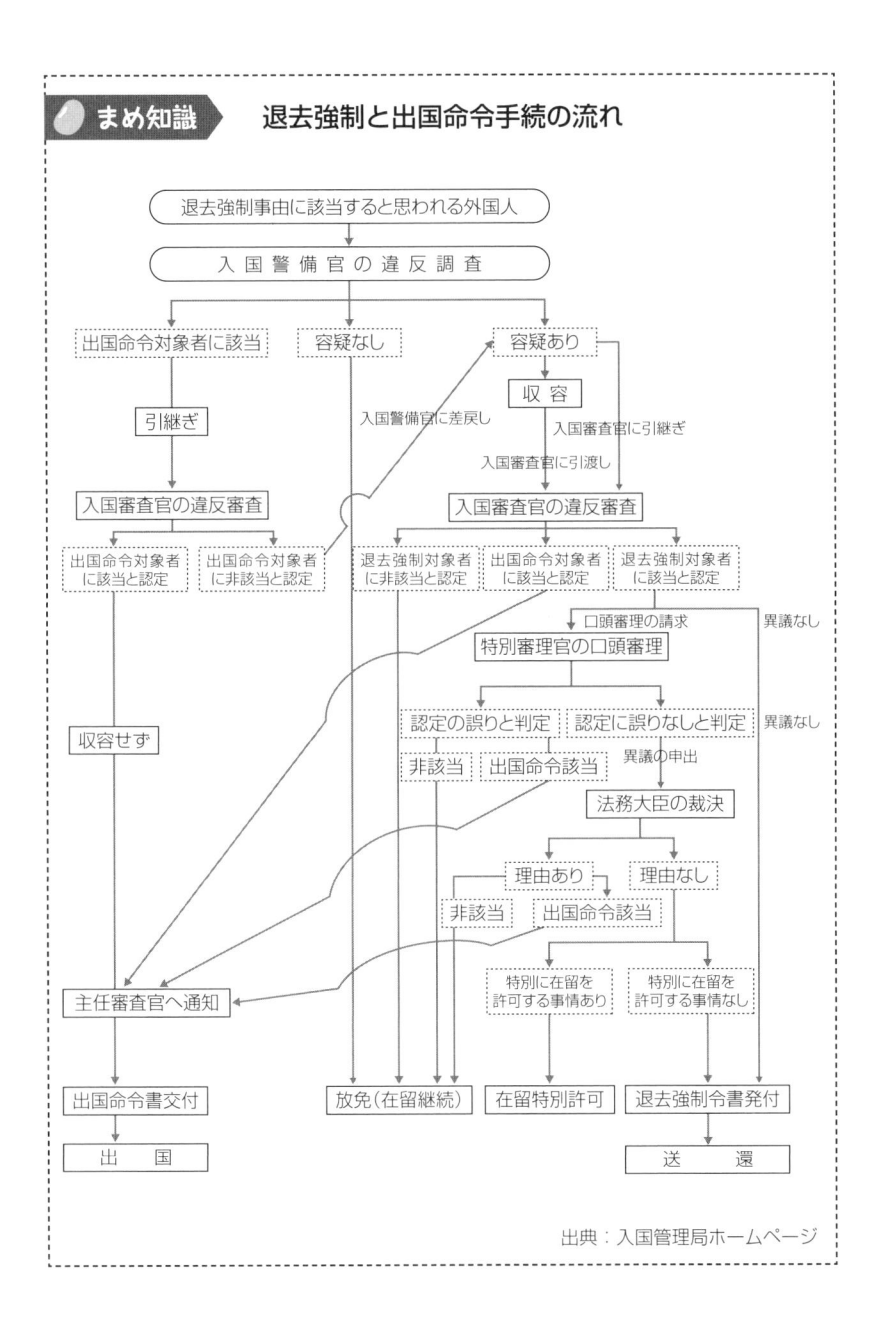

11　退去強制・出国命令・出国・再入国許可　　*147*

まめ知識　退去強制と出国命令手続の流れ

```
退去強制事由に該当すると思われる外国人
          ↓
   入国警備官の違反調査
   ┌────────┼────────┐
出国命令対象者  容疑なし     容疑あり
に該当                       ↓
  ↓        入国警備官に    収　容
 引継ぎ     差戻し         入国審査官に引継ぎ
                          入国審査官に引渡し
  ↓                         ↓
入国審査官の違反審査      入国審査官の違反審査
┌─────┬─────┐      ┌─────┬─────┬─────┐
出国命令  出国命令      退去強制  出国命令  退去強制
対象者    対象者に      対象者に  対象者に  対象者に
に該当と  非該当と      非該当と  該当と    該当と認定
認定      認定          認定      認定
                                        口頭審理の請求　異議なし
                              特別審理官の口頭審理
                              ┌─────┬─────┐
                              認定の誤りと判定  認定に誤りなしと判定　異議なし
                              ┌───┬───┐
                              非該当  出国命令該当
                                              異議の申出
                                          法務大臣の裁決
                                          ┌─────┬─────┐
                                          理由あり    理由なし
                                          ┌───┬───┐
                                          非該当  出国命令該当
                                                      ┌─────┬─────┐
                                                      特別に在留を  特別に在留を
                                                      許可する事情あり  許可する事情なし
  ↓                                                     ↓              ↓
収容せず                                              
  ↓                                                   
主任審査官へ通知 ←──────────────────
  ↓                    ↓              ↓              ↓              ↓
出国命令書交付      放免(在留継続)  在留特別許可  退去強制令書発付
  ↓                                                     ↓
 出　国                                                 送　還
```

出典：入国管理局ホームページ

12 在留特別許可・再審情願

在留特別許可：退去強制事由に該当する外国人に対し、法務大臣の裁量により特別に在留を認める処分のこと。
再審情願：既に退去強制令書が発付された外国人につき、新事情の発生その他の理由に基づき、法務大臣に処分を見直し、在留特別許可の付与を求める手続。

(1) 在留特別許可

入管法50条1項柱書きでは、「法務大臣の裁決の特例」として、「法務大臣は、異議の申出が理由がないと認める場合でも、当該容疑者が次のいずれかに該当するときは、その者の在留を特別に許可することができる」としています。

つまり、退去強制事由（→11）に該当するという判断がされた場合であっても、次のいずれか一つに該当すれば特別に在留を認めてもらえる可能性があるということです。

① 永住許可を受けているとき
② かつて日本国民として日本に本籍を有したことがあるとき
③ 人身取引等により他人の支配下に置かれて本邦に在留するものであるとき
④ その他法務大臣が特別に在留を許可すべき事情があると認めるとき

この規定は、退去強制事由に該当した場合であっても、人権的・人道的な観点等から国外退去は望ましくないというケースに対応するためのものです。しかしながら、入管法の公平な適用を考えると簡単に在留特別許可を認めてしまえば退去強制制度の意義が失われてしまうことから、当然容易には認められません。法務大臣は、個々の事案ごとに、在留を希望する

理由、家族状況、生活状況、素行、内外の諸情勢、他の非正規滞在者に及ぼす影響等を総合的に考慮して許否を判断します。

なお、2005年5月の法改正以降は、難民申請（→8）を行った人の在留特別許可は、難民認定手続の中で行うこととされています（入管法61条の2の2）。

在留特別許可が認められると、「定住者」（→6）「特定活動」（→7）「日本人の配偶者等」（→6）「永住者の配偶者等」といった在留資格が付与されて、以降は適法に在留できることになります。

入管のHPに「在留特別許可のガイドライン」、「在留特別許可された事例及び在留特別許可されなかった事例」が毎年掲載されていますので参考にしてください。

(2) 再審情願

上述のとおり、退去強制手続の最終段階で、法務大臣（または権限委任を受けた地方入国管理局長）が、人道上その他の理由により退去強制事由のある外国人を退去強制しないこととし、在留を特別に許可する制度が在留特別許可制度です。

では、一旦、在留特別許可を認めない裁決がなされ、退去強制令書が発付されてしまうと、どんな事情があっても日本に残ることができないのかと言えば、そうでもありません。

入管法その他の法律には書かれていませんが、「再審情願」と呼ばれる制度が、長年にわたって入管実務上は存在し定着しています。既に退去強制処分を行うことが確定している当事者につき、処分の見直しを求めるという点で、刑事事件における再審請求（刑事訴訟435条以下）と類似のものと考えるとわかりやすいと思います。ただ、刑事手続と違って、明文上の根拠がないので、再審情願の「申立て」の方法も特に決まっていません。

実務上は、「再審情願申立書」といった感じの表題の適宜様式の書面を、地方入国管理局の審判部門に持参して提出し、ひたすら結果を待つという

ことになります。例えば、退去強制令書発付時にはまだ婚姻が成立していなかったが、その後に日本人との婚姻が成立した事案やその後に子どもが生まれた事案などが、新事情発生に基づく再審情願申立てに適した典型的事案と考えられています。

再審情願の申し立てがなされると、1年から数年の間に何らかの結論が出されるのが一般的です。申立てが認容された場合には、職権により在留特別許可がなされるとともに退去強制令書も撤回されます。申立てが認容されない場合には、地方入管の審判部門を通じて口頭で「再審を受けない（開始しない）結論となった」旨の結論が告知されるのが一般的です。

(関　聡介)

13 保釈・仮放免

保釈：刑事事件において、勾留（身柄拘束）されたまま起訴された被告人を、一定の条件のもとで一時的に釈放すること。
仮放免：入管に収容（身柄拘束）された被収容者につき、一定の条件のもとで一時的に収容を解くこと。

(1) 保釈

起訴後に勾留されている被告人（→**17**）について、保証金の納付など一定の条件のもとで一時的に身柄の拘束を解くことを、保釈といいます（刑事訴訟法89条以下）。保釈の請求は、被告人本人やその親族、弁護人（→**18**）が行うことができます。

保釈の許否や条件は、裁判所（裁判官）が決定します。なお、例えばオー

バーステイなど入管法上の退去強制事由がある外国人については、保釈が許可されて身柄が解放されてもそのまま入管に収容されてしまい、刑事裁判の日に出頭できるかどうかの懸念があることから、裁判所としては、保釈を許可しにくいという問題があります。

　保証金の金額は、犯罪の性質・情状、被告人の資産などを考慮して決定されます。前科がなく執行猶予（→**19**）の可能性が高いような場合は、150万円～300万円くらいの金額が決定されることが多いようです。保証金が用意できない場合に、保証書を提出してくれる制度（全国弁護士協同組合連合会）もあります。

　裁判所は、保釈を許可するに際しては、住居や旅行の制限、事件関係者との接触の禁止などの条件を課すことができ、これに違反した場合には、保釈が取り消されることがあります。裁判所が出頭を命じた日に出頭しない場合も、保釈は取り消されます。

　保釈は、実刑判決（→**19**）の言い渡しがあったときまたは無罪・免訴・刑の執行猶予（→**19**）・罰金等の言い渡しがあったときは、当然に失効し（後者は勾留自体が失効する以上当然）、保証金は還付されます。

（2）仮放免

　仮放免は入管法に基づく制度（入管法54条）ですが、保証金の納付や住居の指定など一定の条件のもとで一時的に身柄の拘束を解くという点では保釈と似ています。

　仮放免には、退去強制（→**11**）手続が開始された後、最終的な結論（退去強制するか否か）が出るまでの間に行われる収容令書に基づく収容（入管法39条）からの仮放免と、退去強制令書が発付された場合にこれに基づく収容（入管法52条5項）からの仮放免の2種類があります。

　どちらも、保証金の納付や保証人による身元保証書の提出が必要であることは同じです。保証金の金額は、入管法により300万円以下と決められていますが、5万円から100万円の間であることが多いようです。仮放免

は、本人や親族、代理人弁護士の申請に基づいて行われますが、病気治療などの事情がある場合に、入管の職権で許可されることもあります。

　入管に自主的に出頭して退去強制事由があることを申告した場合には、以前逃亡歴があるなどの事情がない限り、収容令書が発付されても即日仮放免となり、身柄が拘束されないことが多いようです。

　逆に、入管や警察に摘発されて退去強制手続が開始された場合には、最終的な結論がでるまでの間、収容令書に基づく収容が続き、仮放免が許可されることは困難です。ただし、病気治療、子どもの養育などの特別な事情がある場合には、仮放免が許可されることもあります。収容令書での収容の期間は、30日以内または60日以内です。

　退去強制令書が発付された場合には収容されるのが原則です。この収容には期間の上限がありません。しかしながら、難民（→8）認定申請中である、退去強制の処分を裁判で争っているなどの理由がある場合には、手続に数年を要することも珍しくないことから、仮放免の必要性が高くなります。もっとも、現在の入管実務では、退去強制令書が発付された後に仮放免が許可されるまでには1年前後を要することも多く、2〜3年収容されたというケースもあります。

　なお、日弁連と法務省との協定により、弁護士が仮放免の身元保証人になったり出頭の協力書を提出したりした場合には、仮放免の許可や保証金の決定に際し、有利な事情として考慮されています（→ p42）。

（渡部　典子）

14 警察官・検察官、入国警備官・入国審査官

警察官：犯罪の予防・鎮圧、公安維持、犯罪の捜査等を任務とする、公安職の地方公務員または国家公務員（警察職員）。2017年現在の定員は全国で約30万人。

検察官：犯罪の捜査等を行い、刑事事件を起訴するかどうかを決め、起訴後は裁判で犯罪を証明する等を任務とする一般職の国家公務員。検事総長、次長検事、検事長、検事、副検事から成り、2016年現在の定員は全国で約2750人。

入国警備官：退去強制手続にかかる調査、摘発、収容、収容施設での処遇、送還等を任務とする公安職の国家公務員（入管職員）。2016年現在の定員は全国で約1450人。

入国審査官：出入国及び在留の審査、退去強制手続のうち口頭審理等、難民認定に関する調査等を任務とする行政職・指定職の国家公務員（入管職員）。2016年現在の定員は全国で約2900人。

（1）刑事手続と入管手続

　外国人を当事者とする刑事事件が発生した場合には、しばしば刑事手続と入管手続が交錯します。前者は主として刑事訴訟法（刑訴法）に従って警察官・検察官が「捜査」等を担当し、後者は主として出入国管理及び難民認定法（入管法）に従って入国警備官・入国審査官が「調査」「審査」等を担当します。

　この刑訴法と入管法の規定は必ずしも連携・整合しておらず、その調整の必要性が最高裁判決（補足意見）等で何度も指摘されているにもかかわらず、一向に手当てがなされないまま長年放置されているのが現状です。

(2) 警察官と検察官 ―刑事手続

　警察官の職務は、大きく分けて、行政官庁としての犯罪の予防・鎮圧、治安維持等の活動（行政警察活動）と、捜査機関としての活動（司法警察活動）とに分かれます。両者の区別は必ずしも明確とは言えず、たとえば、犯人を取り押さえる行為は、犯罪の鎮圧と被疑者（→17）の身柄確保（逮捕）（→15）との両面の性格を兼ね備えています。

　検察官の職務は、警察官の職務のうちの後者の捜査機関としての活動部分と重なります。検察官は、犯罪の捜査を行った上で、被疑者を起訴（→16）するかしないかを決する権限を持ち、さらに起訴後は公判を維持し有罪の立証に努める等の活動をします。

　警察官の定員が検察官の100倍以上もあることからもわかるとおり、検察官自らが捜査を行うのは一部の重大犯罪等に限られ、通常は、警察官に対する指示権・指揮権を行使して捜査を全うさせ、その結果を踏まえて、起訴するか否かを決するのです。

　なお、検察官の人員確保のために、副検事という職階があって、比較的軽微な手続において検察官としての業務を行っています。検察官のうち約3分の1が副検事です。司法修習終了者ではない、検察事務官・法務事務官や入国警備官・入国審査官その他の公務員経験者も、副検事の選考対象とされています。

(3) 入国警備官と入国審査官 ―入管手続

　入管職員と一口に言っても、その職種はいくつかあります。代表的なものは、入国警備官と入国審査官です。

　前者は、警察業務に近い内容を担当しており、違反事件の摘発や収容、強制送還などの業務を行います。体格等も考慮した独自採用がなされています。

　後者は、審査などの業務全般を担当します。空港でいわゆるパスポート・コントロールの窓口にいるのが入国審査官です。こちらは、通常の国

家公務員試験からの任用です。

　なお、入管法の正式名称が「出入国管理及び難民認定法」であることからもわかるとおり、日本の入管は、本来は「管理」とは相容れがたい「難民認定」(→8) という業務も担当しています。この業務を担当する「難民調査官」も、入国審査官の中から指名されます。

（関　聡介）

15 逮捕・勾留、拘留

> **逮捕**：証拠隠滅や逃亡を防ぐために、捜査機関が被疑者の身柄を拘束する制度。通常逮捕のほか、現行犯／準現行犯逮捕、緊急逮捕がある。
> **勾留**：逮捕に引き続き、証拠隠滅や逃亡を防ぐために被疑者を身柄拘束し（起訴前勾留）、また、起訴後の被告人を身柄拘束する（起訴後勾留）制度。
> **拘留**：日本で認められている7種類の刑罰のうちの1つで、自由刑（刑事施設への収容により自由を奪う刑）の一種。勾留とよく間違われるが、全く異なる。29日間が上限であり、刑法上の位置付けは軽い刑罰とされている。

(1) 逮捕

　被疑者（→17）の逃亡や罪証（証拠）隠滅を防ぐために、被疑者の身柄を拘束する手続です。

　日本の刑事訴訟法上は、①通常逮捕、②現行犯・準現行犯逮捕、③緊急逮捕の3類型が認められています。

原則型は、あくまでも①の通常逮捕です（刑事訴訟法199条以下）。検察官や警察官（→**14**）が、事前に裁判官に対して疎明資料を付して逮捕状の発付を請求し、発付された場合に限り、その逮捕状の有効期間内に執行する（＝実際に逮捕する）という方法です。
　これに対して、現に犯行を行いまたは行い終わったと明白に認められる被疑者を、逮捕状なくして逮捕するのが、②の現行犯逮捕です（刑事訴訟法212条以下）。現行犯逮捕だけは、私人であっても行うことができます（一般人の被害者や乗り合わせた乗客が、満員電車で痴漢の腕を掴んで逃げられなくしてしまうのが、典型例です）。なお、現行犯に準ずる一定の場合においても、令状なくして逮捕することが認められます（準現行犯逮捕と通称）。
　③の緊急逮捕は、①②の要件をいずれも満たさない状況下にありながら、犯人と目される場合を発見した場合等に、厳しい要件下で例外的に許される逮捕方法で、逮捕後速やかに裁判官の逮捕状を請求する方式です（刑事訴訟法210条）。
　いずれの種類の逮捕の場合も、最大でも72時間以内に勾留請求がなされない場合には、被疑者を釈放しなければなりません。

(2) 勾留

　大きく分けると起訴前の被疑者の勾留と、起訴後の被告人（→**17**）の勾留とに分かれます。
　起訴前の被疑者勾留（刑事訴訟法207条1項が準用する60条）は、逮捕に引き続いて行われるものであり、逮捕（前述の最大72時間）を超えてなお被疑者を身柄拘束し続けて逃亡や罪証隠滅などを防ぐ必要がある場合に、裁判官の発する勾留状により認められるものです。期間は10日間ですが、必要に応じて最大10日間（内乱罪など特殊な犯罪は15日間）の延長が認められます。
　日本では逮捕されるとひとまず23日間拘束される、と言われることが

ありますが、それは逮捕の 72 時間＋勾留・勾留延長の 20 日間の合計日数を指しているものです。

起訴後の勾留（刑事訴訟法 60 条）は、期間が 2 カ月間で、その後も裁判が続いている限り 1 カ月間＋ 1 カ月間＋…と無期限に更新が可能となっており、現に裁判が長期化している案件では、数年間も起訴後勾留され続けている例が存在します。

なお、日本では、起訴前には保釈（→13）制度がありません。保釈の適用があるのは起訴後勾留だけです。

(3) 拘留

勾留と間違えられやすい言葉に「拘留」がありますが、拘留はあくまでも刑罰（→19）の一種であり、捜査期間中あるいは公判中に身柄を拘束する勾留とは全く異なりますので、注意しましょう。

（関　聡介）

16　起訴・不起訴・起訴猶予

> **起訴**：検察官が、裁判所に対して、刑事事件の訴えを提起すること。
> **不起訴**：検察官が、裁判所に対して刑事事件の訴えを提起しないこととすること。
> **起訴猶予**：本来であれば起訴することも可能である事案につき、検察官の裁量で不起訴とすること。広い意味での不起訴の一部。

(1) 起訴・不起訴・起訴猶予

日本の刑事裁判手続においては、裁判所に対する訴え提起（「公訴提起」

の権限は、犯罪被害者（→17）や遺族にではなく、国家機関である検察官（→14）に与えられています（国家独占主義とも言います）。

したがって、検察官は、ある事件の捜査を行った結果として、被疑者（→17）を刑罰（→19）に処するべきであると考え、かつ有罪を立証するだけの証拠が揃ったと考えれば、「起訴」という処分をすることができます。

逆に、捜査を行った結果として、犯罪の嫌疑がない、すなわち犯罪性や犯人性が認められないという場合には、その被疑者を起訴しない（「不起訴」）処分を検察官がすることになりますし、刑事裁判に必要な法律上の要件（「訴訟条件」）が欠けていると認められるような場合も、やはり不起訴処分を行うこととなります。また、捜査を尽くしたものの、収集された証拠が、有罪の立証——すなわち合理的な疑いを容れない程度までの有罪の証明——を行うには足りない、という場合も、嫌疑不十分として不起訴処分を行います。

特徴的なのは、「起訴猶予」という制度です。これは、検察官が、本来であれば起訴が可能と判断する事案であっても、裁量に基づいて、敢えて起訴しない処分をするというものです。広い意味での「不起訴」処分には含まれますが、前記の嫌疑なし（あるいは嫌疑不十分）という不起訴とは区別して、起訴猶予処分と称されます（起訴猶予の判断基準としては、刑事訴訟法248条に「犯人の性格、年齢及び境遇、犯罪の軽重及び情状並びに犯罪後の情況により訴追を必要としないとき」と定められています）。

(2) 起訴の種類

起訴は、①（正式）起訴、②（起訴＋）即決裁判申立て、③略式起訴、といった種類に分かれます。

①は、法廷での通常の審理を受けることを前提とした公訴提起の方法であり、「公判請求」とも称されます。報道などでよく見かける、最も典型的な裁判手続です。検察官が「起訴状」を裁判所に提出するという方式で行います（刑事訴訟法256条）。

これに対し②は、有罪であることに争いがない事件で、執行猶予（→**19**）判決が見込まれ、かつ被疑者が同意する場合にのみ適用される手続で、基本は①と変わらないものの、1回の公判期日で判決言い渡しまで一気に行うこととされています（刑事訴訟法350条の2以下）。検察官がこの制度を利用したい場合には、即決裁判で行われたい旨の申し立てを起訴状に付記します。新しい制度ですが、最近は利用が低調です。

③の略式起訴は、罰金刑のみに使える簡易な制度です（刑事訴訟法461条以下）。検察官が、被疑者が同意する場合において、かつ100万円以内の罰金刑を求める場合においてのみ、利用することができます。具体的には、簡易裁判所（簡裁）（→**23まめ知識**）に対して、検察官が略式起訴を行い、簡裁裁判官が書面審理のみで罰金の支払いを命じる「略式命令」を出す、というものです。

(3) 正式起訴された場合の裁判の種類

上記①の正式起訴（公判請求）がなされた場合には、公判が開かれて審理が行われることとなるのが通常ですが、その審理の方式は、通常の裁判と裁判員裁判とに分かれます。

どちらの方式をとるかということは、法律に従って自動的に決まるものであり、具体的には、起訴の罪名と犯罪内容で区別がされます（例外的な場合を除き、死刑・無期懲役・無期禁錮の定めがある罪名の事件と、故意の犯罪行為で被害者を死亡させた事件が、裁判員裁判の対象となります＝詳しくは、裁判員の参加する刑事裁判に関する法律［裁判員法］2条・3条を参照）。

（関　聡介）

17 被疑者・容疑者、被告人・被告、（犯罪）被害者

> **被疑者**：ある具体的な犯罪の犯人であるとの嫌疑により捜査対象となっているが、まだ起訴されていない人。
> **容疑者**：上記の被疑者と同じ意味で用いられるマスコミ用語。法律上の表現ではない。
> **被告人**：刑事裁判の訴追対象として起訴された人。検察官による起訴（公訴提起）と同時に、被疑者が被告人に変わる。
> **被告**：民事裁判で訴えを受けている相手方の立場の人。マスコミ用語では刑事事件の「被告人」も指すが、法律上の表現としては、あくまでも民事事件の当事者を指す。
> **（犯罪）被害者**：ある具体的な犯罪の害を被った人。広い意味では、犯罪及びこれに準ずる行為によって害を被った人とその家族・遺族を指す。刑事手続においては「犯罪被害者（等）」として、一定の地位を有する。

(1) 被疑者と被告人

　日本の刑事手続は、①捜査（＝起訴前）段階と、②公判（＝起訴後）段階とに、大きく分けることができます。

　捜査段階においては、犯罪の嫌疑対象者、すなわち犯人と疑われている人を、「被疑者」として取り扱います（報道などでは「容疑者」という用語が同じ意味で使われますが、法律上はあくまでも「被疑者」です）。

　起訴と同時に被疑者は「被告人」と名称を変え、以後の公判段階においては、検察官（→**14**）と対立当事者になります。この被告人との名称は、控訴審・上告審においても変わることはありません（なお、報道などでは

「被告」という用語が同じ意味で使われますが、法律上は刑事裁判においてはあくまでも「被告人」であり、「被告」は民事裁判における当事者を指します)。

現在の日本の刑事訴訟法においては、当事者主義という原則が採用されており、被告人も、検察官と対峙する一方当事者として、可能な限り対等な地位が認められるべきであるという制度設計になっています。すなわち、対等な当事者同士が攻撃（検察官）↔防禦（被告人）を戦わせて、そこからあぶり出された"真実"を裁判所が見出すというモデルです。

しかしながら、現実には、被疑者・被告人が弁護人（→18）の援助を得たとしてもなお、両当事者間の力の差は圧倒的に大きく、特に証拠が検察（捜査機関）側に偏在していることが根本的な問題として認識されています。その結果として"真実"が正しくあぶり出されず、ひいては冤罪を生むことが懸念されます。

(2) (犯罪) 被害者の地位

被害者の存在しない犯罪（たとえば違法薬物の自己使用）もありますが、多くの犯罪には被害者が存在します。

近年の犯罪被害者の地位拡大への流れを受けて、従前は刑事手続において当事者性が乏しかった被害者についても、近時は様々な形で手続に参加できるようになってきています。

具体的には、2004年に成立した犯罪被害者等基本法で、「犯罪及びこれに準ずる心身に有害な影響を及ぼす行為」によって「害を被った者及びその家族又は遺族」が「犯罪被害者等」として保護の対象として規定されたほか、公判における被害者参加制度や、損害賠償命令制度（民事裁判を別途に起こさなくても刑事裁判の中で賠償命令を得ることができる）をはじめとする様々な具体的制度の整備が急速に進展し、刑事手続における被害者の地位は相当程度確立されました。

（関　聡介）

18 弁護人・付添人・当番弁護士

> **弁護人**：刑事事件において、被疑者・被告人の権利や利益を保護する役割を果たす人。
> **付添人**：少年事件において、少年の権利や利益を保護する役割を果たす人。
> **当番弁護士**：各地の弁護士会が、身柄拘束（逮捕・勾留）された被疑者またはその関係者から出動依頼を受けた場合に、速やかに派遣する弁護士。法律上の制度に基づくものではなく、弁護士会が独自の制度設計と独自予算で行っている制度。

(1) 弁護人と付添人

① 弁護人

　被疑者や被告人（→**17**）は、刑事手続における一方当事者ではありますが、実際には対立当事者である捜査機関（警察、検察（→**14**））と比して、その証拠収集能力その他あらゆる点で、大きく劣った状態に置かれています。そこで、このような被疑者・被告人の利益を保護し、権利を擁護する立場からサポートする役割を果たすのが「弁護人」であり、刑事訴訟法をはじめとした法令上も当事者たる地位を保障されている存在です。少年であっても14歳以上の場合には、刑事手続の対象となり得るので、刑事手続（≒刑事訴訟法）の対象となっている間は、少年に対しても弁護人が選任されることがあります。

　なお、民事・家事事件では、原告、被告、申立人、相手方といった当事者の立場を擁護する役割を果たすのは、「代理人」であり、弁護人という名称は用いられません。

② 付添人

これに対し、14歳未満の少年や、14歳以上で少年保護手続（≒少年法）の対象になっている少年については、その利益を保護し、権利を擁護する立場からサポートする役割を果たすのが、「付添人」です。

③ 弁護士制度との関係

弁護人は原則として弁護士（→ p34）の中から選任されなければなりません（刑事訴訟法 31 条）。付添人も弁護士の中から選任されることが原則型であり、弁護士以外の付添人を選任するためには家裁の許可が必要です（少年法 10 条）。

(2) 国選弁護人と国選付添人

弁護人も付添人も、当事者本人または法律上定められた選任権者から個別に選任されるのが原則型であり、これを、一般に私選弁護人、私選付添人と称します。これに対して、貧困その他の法律上定められた事由によって私選弁護人・付添人を選任できない場合その他一定の要件の下で、国によって選任されるのが、国選弁護人・付添人です。

刑事事件の弁護人の場合、長年にわたって国選弁護人は起訴後（公判段階）＝被告人のみを対象とする制度でしたが、現在では、軽微な犯罪以外の一定程度の犯罪については起訴前（捜査段階）＝被疑者に対しても国選弁護制度が拡大されました。

また、少年事件の付添人の場合も、2014年の国会で、国選付添人制度の範囲が拡大される内容の法改正が可決されています。

(3) 当番弁護士

弁護士が（原則として1回）無料で逮捕された人に面会（接見）する制度。逮捕され身柄拘束されている現状にあれば、被拘束者（成人・少年）や被拘束者の家族・知人が出動を依頼することができます。日本語を解しない被拘束者への接見の際には、無料の通訳人を同行するのが通例です。

この制度は、刑事訴訟法その他法律に基づく制度ではなく、各地の弁護士会が自主的に行っている制度なので、弁護士会ごとに少しずつ制度内容が異なります。原則としては、派遣依頼を受けた当日または翌日までには弁護士が接見を行う取扱いとなっています。

接見の結果、当番弁護士がその刑事事件を受任する場合には、条件によって私選弁護人・付添人になったり国選弁護人・付添人になったりしますが、国選の対象とならない罪名の事件で、かつ当事者に資力がない場合には、日本弁護士連合会が設けている弁護費用援助の制度（→ p88 日弁連委託援助）を利用できます。

（関　聡介）

19 実刑・執行猶予

実刑：有罪の裁判の確定を受けて刑の執行が直ちに行われること。
執行猶予：有罪の裁判が確定しても直ちに刑の執行を行わず、一定期間は刑の執行を見合わせること。

(1) 実刑

「実刑」とは、身体の自由を奪う刑（自由刑）、すなわち、懲役や禁錮、拘留の刑について、有罪の裁判が確定次第に刑が執行されること、あるいは、そのような内容の有罪の裁判（判決）を指す用語です。法律の明文に書かれた用語ではないのですが、刑事裁判実務の用語として広く定着し使われています。

(2) 執行猶予

これに対して、有罪の裁判が確定してもその執行を一定期間見合わせる制度、またはそのような内容の有罪の裁判（判決）を、「執行猶予」といいます（刑法25～27条）。

執行猶予が付された有罪判決の場合、執行猶予の期間中に他の有罪判決が確定するなどして執行猶予が取り消されない限り、執行猶予期間が満了した時点で、刑の言い渡しはなかったことになります。たとえば、「懲役1年、執行猶予3年」という判決が言い渡された場合、当該判決の確定から3年間に他の有罪判決を受けて執行猶予が取り消される事態とならない限り、猶予期間の経過をもって刑の言渡しはなかったものとされますので、1年間の懲役刑が執行されることも当然なくなります。

(3) 刑の種類との関係

そもそも、日本の現行法では、刑罰の種類は7種類で、①死刑、②懲役（刑）、③禁錮（刑）、④罰金（刑）、⑤拘留、⑥科料、⑦没収　があります（刑法9条）。

このうち、①は生命刑（生命を奪う刑）、②③⑤は自由刑（自由を奪う刑）、④⑥⑦は財産刑（財産を奪う刑）に分類されますが、「実刑」という用語は、自由刑についてのみ通常使用される慣用表現です（①の死刑については、刑法上、そもそも執行猶予を付することができませんので、ある意味全て「実刑」ではありますが、そのような呼称は用いません。また、罰金については執行猶予を付することは可能ではありますが、執行猶予を付さない罰金刑を実刑と称することも、またありません）。

また、執行猶予は、②③④について付されるものであり、刑法25～27条に定められているように、②③であれば3年間が上限、④であれば50万円が上限となっているので、これを超える刑の言い渡しがなされる場合には執行猶予を付することはできません。

（関　聡介）

20 婚姻・内縁・婚約

婚姻：男女が合意に基づいて夫婦となること。
内縁：婚姻意思を有し、社会的には夫婦の実態があるが、婚姻手続をしていない状態（事実婚）。
婚約：将来、婚姻する合意のあること。

(1) 婚姻の成立要件

婚姻が有効に成立するためには、婚姻の実質的要件と形式的要件（方式）が備わっていることが必要です。

① 婚姻の実質的要件

婚姻が有効に成立するための実質的要件の準拠法は、法の適用に関する通則法（法適用通則法）24条1項により各当事者の本国法によるとされています。実質的要件のうち、婚姻年齢、未成年者の婚姻の保護者の同意などは婚姻する当事者の一方のみに要求されますが（一方的要件）、待婚期間、近親婚の禁止、重婚の禁止は婚姻する当事者の双方に要求されます（双方的要件）。双方的要件の例として、日本の民法では離婚した女性は離婚から6カ月経過しなければ再婚できないという待婚期間（再婚禁止期間）の規定があるので（民法733条。2015年3月現在、この規定の合憲性が最高裁にて審理中）、待婚期間の定めのない国（例：中国）の女性が日本人男性と結婚する場合でも、この女性は離婚の日から6カ月経過するまでは結婚できません。

日本人の場合には、戸籍（→**4**）を見れば年齢、独身であることなどが分かりますが、外国の場合には日本の戸籍のように身分関係を明確にするものがあるとは限りません。そこで、外国人が有効に婚姻を成立させるために、その人の本国の法律が定める婚姻の成立要件（婚姻年齢に達してい

ること、独身であること等）を満たしていることを確認するために、市区町村では、婚姻届を受理するにあたり、外国人の婚姻要件具備証明書（婚姻する外国人の本国の大使・領事（→p107）など権限を有する者が本国法上その婚姻に必要な要件を備えていることを証明する書面）、いわゆる独身証明を提出することが求められます。

　国によっては婚姻要件具備証明書の取得ができないときには、例えば、宣誓書（アメリカ等）や婚姻証明書（インドネシア等）に代えることも可能ですが、具体的には外国人の国により提出が求められる書面は異なりますので、市町村の戸籍係の窓口等で確認することが必要となります。

　② 婚姻の方式

　婚姻の方式の準拠法については、婚姻挙行地の法律または当事者の一方の本国法によります（法適用通則法24条1項、2項）。ただし、婚姻挙行地が日本で、当事者の一方が日本人の場合には日本法の方式によることとなっています（同法3項）。

(2) 婚姻と在留資格

　日本人と婚姻した外国人の配偶者には、一般的に「日本人の配偶者等」（→**6**）の在留資格（→**3**）が付与されます。永住（→**6**）、帰化（→**2**）の要件についても日本人の配偶者には特例があります。

(3) 在留資格がない外国人との婚姻

　在留資格がない外国人と結婚はできます。ただ、日本にある領事館（大使館領事部）の中には自国民であっても在留資格がないときには婚姻要件具備証明書等を発行してくれない場合もあります。婚姻のためにどのような書類を揃えるのかについては、市区町村の戸籍窓口で相談したり、弁護士・行政書士等（→p34）に相談することが望まれます。なお、在留資格のない外国人が日本人と結婚したとき、在留特別許可（→**12**）により在留資格を取得できることもあります。

(4) 内縁

　内縁は婚姻意思を有している点で、単なる同棲と異なります。内縁関係については法律上の婚姻に準じた取扱いがなされます。内縁の夫婦の間でも、同居義務、扶助義務、貞操義務はあります。労働災害（→*36*）、厚生年金（→*37*）、国家公務員共済組合等の社会立法では内縁を婚姻に準じた取り扱いを認める規定があります。

　しかし、内縁の配偶者には相続権はありませんし（例外：民法958条の3）、生まれた子どもは非嫡出子（→*22*）として扱われるなど、法律上の婚姻と異なる点が残っています。

(5) 婚約

　婚約について定めた明文の法規定はありません。婚約したからといって、婚姻を法的に強制することはできません。ただ正当な理由がないのに義務を履行しない者に対しては慰謝料等の損害賠償を請求することは可能です。なお、アメリカでは婚約者のビザがありますが、日本にはありませんから、外国人が日本人と婚約することで日本の在留資格を取得することはできません。

(6) 同性婚

　入管法の「配偶者」には、外国で有効に成立した婚姻であっても同性婚による配偶者は含まないとされています。

　しかし、フランスで「同性婚法」が施行されるなど近時の諸外国の法整備の実情等を踏まえ、また、本国で同性婚している者が日本においても安定的に生活できるよう人道的観点から配慮し、同性婚による配偶者について、「特定活動」(→*7*)の在留資格を認める取扱いが始まっています。

（依田　公一）

21 実子・養子・特別養子

> **実子**：親との間に生物学的血縁関係があると法律上認められる子。
> **養子**：養子縁組により嫡出子としての身分を取得した子。
> **特別養子**：6歳未満の子の利益のために実親との親族関係を終了させる形で家庭裁判所の審判により成立する養子。

(1) 実子

　実子といえるためには、生物学上の親子関係があるだけでは十分ではなく、法律上の親子関係が必要です。したがって、非嫡出子（→**22**）の場合、父の実子となるには父の認知が必要となります（民法779条）。

(2) 養子・特別養子

　養子は養親の嫡出子としての身分を有しますので、養親の氏を称し、嫡出子と同様の扶養と相続の関係が生じることとなります。

　養子には普通養子と特別養子（断絶型養子縁組）があります。普通養子の場合には実の親との親子関係は存続しますが、特別養子の場合には実の親との親子関係は終了します（民法817条の2）。

　普通養子の主な要件は、養親が成年であること、養子が年長者・尊属でないこと、未成年者を養子とする場合は原則として養親は夫婦共同であること、15歳未満の者が養子となる場合は法定代理人による同意があること、未成年者を養子とする場合には子の福祉を害さないように原則として家庭裁判所（→**23**まめ知識）の許可が、それぞれ必要です。

　特別養子は、養子となる者に対する実の親の監護が著しく困難または不適当であるなどの場合に、子の利益のために特に必要があるとされるときに認められるものです。主な要件としては、養子の年齢は縁組請求の時に

原則として6歳未満であること、養親は片親が25歳以上ともう1人の片親が20歳以上であること、夫婦共同縁組であることが要求され、養親となる者の請求に基づき家庭裁判所の審判により成立します。普通養子の場合より更に厳格な要件が要求されています。

(3) 養子縁組の準拠法

　法適用通則法31条によれば、養子縁組の準拠法は縁組の当時における養親となるべき者の本国法によるとされています。この場合、養子となるべき者の本国法によれば、その者もしくは第三者の承諾もしくは同意または公的機関の許可その他の処分があることが養子縁組の成立の要件であるときは、その要件をも備えなければなりません。例えば、養親の本国法がX国法、養子の本国法がY国法の場合には、養子縁組の要件は、まずX国法の定めによりますが、Y国法で養子縁組の成立のためには実親の承諾が必要との定めがあるときには、そのような定めがX国法にはなくても、実親の承諾を得なければ養子縁組はできません。

(4) 養子縁組と在留資格

　日本人が養親となって外国人を養子にした場合であっても、当然に当該養子に日本での在留資格（→3）が認められるわけではありません。一般に、日本人である養親に扶養されている6歳未満の普通養子であれば「定住者」（→6）の在留資格が、特別養子であれば「日本人の配偶者等」（→6）の在留資格を取得できます。しかし、6歳以上の普通養子については、在留の必要性が認められるに足る特別の事情がない限り在留資格を取得することはできません。

　逆に、外国人が養親となって日本人の子を養子としても、養親となる外国人に日本の在留資格が認められるわけではありません。

（依田　公一）

22 嫡出子・非嫡出子

> **嫡出子**：法律上の婚姻関係にある男女間に生まれた子。
> **非嫡出子**：法律上の婚姻関係にない男女間に生まれた子。

(1) 嫡出子

　民法は、婚姻成立の日から200日を経過した後、または婚姻の解消もしくは取消の日から300日以内に生まれた子を、夫の子、すなわち嫡出子と推定します（民法772条2項）。これを嫡出推定といい、夫のみがなし得る嫡出否認の訴えによってだけ、この推定を覆すことができます（ただし、懐胎したと思われる時期に「夫」が服役中であったり、国外にいたりして、夫婦間に肉体関係がなかったことが客観的に明らかと言える場合には、例外的に、「推定の及ばない嫡出子」となり、母親等による親子関係不存在確認の訴えによっても父子関係が否定できる可能性が生じます）。

　これに対して、婚姻成立の日から200日以内に生まれた子は嫡出子として扱われますが、嫡出推定が及ばないため、親子関係不存在確認の訴えにより、父子関係を否定することが可能です。

(2) 非嫡出子

　非嫡出子については、親子関係がはっきりしないことが少なくないので、日本の民法は認知により法律上の親子関係が生じると規定しています（民法779条。認知主義）。認知は、非嫡出子についてその父または母との間に法律上の親子関係を発生させるための制度です。ただし、母子関係は分娩の事実から明確なので、認知がなくても母子関係は認められます。

　日本の民法と異なり、フィリピン、中国等では、血縁関係に基づき当然に親子関係の成立が認められます（事実主義）。

なお、認知には、父がその子を自己の子であると認める意思表示によってなされる任意認知と、父が認知しない場合に子のほうから父に認知を裁判で求める強制認知があります。非嫡出子に嫡出子の身分を取得させるために「準正」という制度が設けられており、父の認知と父母の婚姻があれば準正が認められます（民法789条）。かつて、相続分に関し、非嫡出子は嫡出子の2分の1と区別されていましたが、最高裁の違憲判決を受けて、2013年12月5日、民法の一部を改正する法律が成立し（同月11日公布・施行）、嫡出でない子の相続分が嫡出子の相続分と同等になりました。

(3) 認知による国籍の取得

　父または母が認知した子（20歳未満）は、認知をした父または母が子の出生の時に日本国民であった場合において、その父または母が現に日本国民であるとき、またはその死亡の時に日本国民であったときは、法務大臣に届け出ることにより日本の国籍を取得（→*2*）できます（国籍法3条）。

（依田　公一）

23 協議離婚・調停離婚・審判離婚・裁判離婚

> **協議離婚**：夫婦が協議による合意に基づいて届出を行うことにより離婚すること。
> **調停離婚**：家庭裁判所の調停で離婚が成立すること。
> **審判離婚**：家庭裁判所の調停が成立しない場合に、相当と認められるとき、調停に代わる審判により離婚が成立すること。
> **裁判離婚**：裁判所の判決で離婚が成立すること。

(1) 離婚の準拠法

　外国人と日本人の夫婦、外国人同士の夫婦の場合には、日本人同士の夫婦の離婚と異なり、離婚についてどの国の法律が適用されるのかについて、まず決定する必要があります。この点、法の適用に関する通則法（法適用通則法）27条は、①夫婦の本国法が同一であるときはその共通本国法により、②その法がない場合に夫婦の常居所地法が同一であるときはその共通常居所地法により、③共通本国法も共通常居所地法もないときには夫婦に最も密接な関係にある地の法律によると定めつつ、④ただし、夫婦の一方が日本に常居所を有する日本人である場合は上記①〜③にかかわらず日本の法律が適用される、と定めています（いわゆる日本人条項）。

　離婚が認められない国（フィリピン等）もありますし、協議離婚が認められる国は世界的にはそれほど多くはありませんので、日本法に基づいて進めた離婚手続の結果が外国人の本国で認められずに不均衡状態が発生することのないように注意が必要です。

(2) 協議離婚

　協議離婚は夫と妻が離婚することについて協議し、離婚届を市町村に届け出ることにより成立します。離婚届にサインをすれば離婚が成立するわけではありません。夫婦に未成年者の子どもがいれば、協議離婚に際して必ず親権者を決めなければなりません。協議離婚の際には、財産分与や慰謝料（→**26**）、養育費（→**25**）、子どもとの面会交渉などについても話し合いをし、単に口約束ではなく、離婚協議書等の文書を作成するのが望ましく、できれば公証役場で公正証書とするのが確実です。外国人の配偶者については、協議離婚する際、協議離婚の法的意味、手続、法的効果（外国人の本国での効力等）について確認し理解して貰うことが重要です。

(3) 調停離婚

　家庭裁判所の調停により成立する離婚で、夫婦関係調整調停は夫婦関係

解消（離婚）と円満調停とに分かれ、いずれも男女2人の調停委員が間に入って、離婚について話し合います。離婚調停を申し立てる家庭裁判所は、相手方の住所地を管轄する家庭裁判所、または合意で定める裁判所です。

(4) 審判離婚

通常、ほとんど利用されませんが、外国人が当事者となっている場合、その外国人の本国で離婚の効力を認めて貰うために敢えて審判離婚が利用されることがあります（家事事件手続法284条）。離婚の手続を進めるにあたり、日本の調停離婚が外国人の本国でどのように扱われるのかについて事前に調査しておく必要があります。審判離婚は当事者が2週間以内に異議を申し立てると効力を失います（家事事件手続法286条）。

(5) 裁判離婚

離婚調停で離婚が成立しない場合には、家庭裁判所に離婚訴訟を提起することができます。調停を経ないでいきなり離婚訴訟を提起することはできず、まず調停を申し立てるのが原則です（調停前置主義）。

日本法が準拠法となるときには、民法770条で定めた離婚原因、すなわち、不貞行為、悪意の遺棄、3年以上の生死不明、強度の精神病、その他婚姻を継続しがたい重大事由の有無が審理されることになります。以上の、いずれかの離婚原因が認められなければ裁判離婚は認められません。

離婚事件の裁判所は、夫または妻の住所地を管轄する裁判所であり、離婚調停の裁判管轄と必ずしも一致しません。

(6) 離婚と在留資格

外国人配偶者の在留資格が「日本人の配偶者等」(→6) である場合には、離婚すると原則としてそのままでは在留資格の更新が認められません。外国人配偶者が親権を取得し、子どもを養育するときには、通常、外国人配偶者には「定住者」(→6) の在留資格が認められます（1996年7月30日

付法務省通達「日本人の実子を扶養する外国人親の取扱について」＝通称・730通達）。子どもがいないときにも、定住者など「日本人の配偶者等」以外の在留資格への変更の可能性を検討することが必要です。

　なお、配偶者による暴力が原因で離婚したときには、「定住者」の在留資格が付与される可能性が高くなることがあります。

(7) 離婚届不受理申出制度

　離婚届に署名・捺印した後でも後悔し、気持ちが変わることがあります。また、相手方が離婚届の署名を偽造して届出をしようとする恐れが認められることもあります。このようなとき、離婚届出が役所に受け付けられる前であれば、離婚届が出されても受理しないで欲しいという申し出を役所にすることができます。効果は6カ月間だけですから、6カ月過ぎても不安であれば、再度、申出書を提出することが必要です。

（依田　公一）

まめ知識　日本の裁判所

　日本の裁判所は、大きく分けて5種類です。最高裁判所（最高裁）、高等裁判所（高裁）、地方裁判所（地裁）、家庭裁判所（家裁）、簡易裁判所（簡裁）に分かれます（憲法76条、裁判所法）。

　地裁や家裁が第一審だった事件の判断に対する不服申立て（判決に対する控訴や決定に対する抗告）は、高裁に対して行います。高裁が第二審（控訴審）だった事件の判断に対する不服申立て（上告、上告受理申立てや特別抗告）は、最高裁に対して行います。

　第一審は、大雑把に分ければ、①家事・人事事件（離婚や相続や親子などに関する紛争）や少年事件は「家裁」、②訴訟物の価格が140万円を超えない民事事件や軽微な犯罪にかかる刑事事件は「簡裁」、③それ以外の民事（行政を含む）・刑事事件は「地裁」、といった形で管轄が分けられています（裁判所法）。

地裁と家裁（本庁）は、全都道府県庁所在地＋釧路・旭川・函館の50カ所に加えて、支部が203カ所あり、簡裁はこの地家裁本庁・支部所在地に加えてさらに185カ所あります。高裁は、札幌・仙台・東京・名古屋・大阪・広島・高松・福岡の8カ所に加えて支部が秋田・金沢・岡山・松江・宮崎・那覇にあり、さらに知財高裁が1カ所（東京）あります。最高裁は1カ所（東京）です。

（関　聡介）

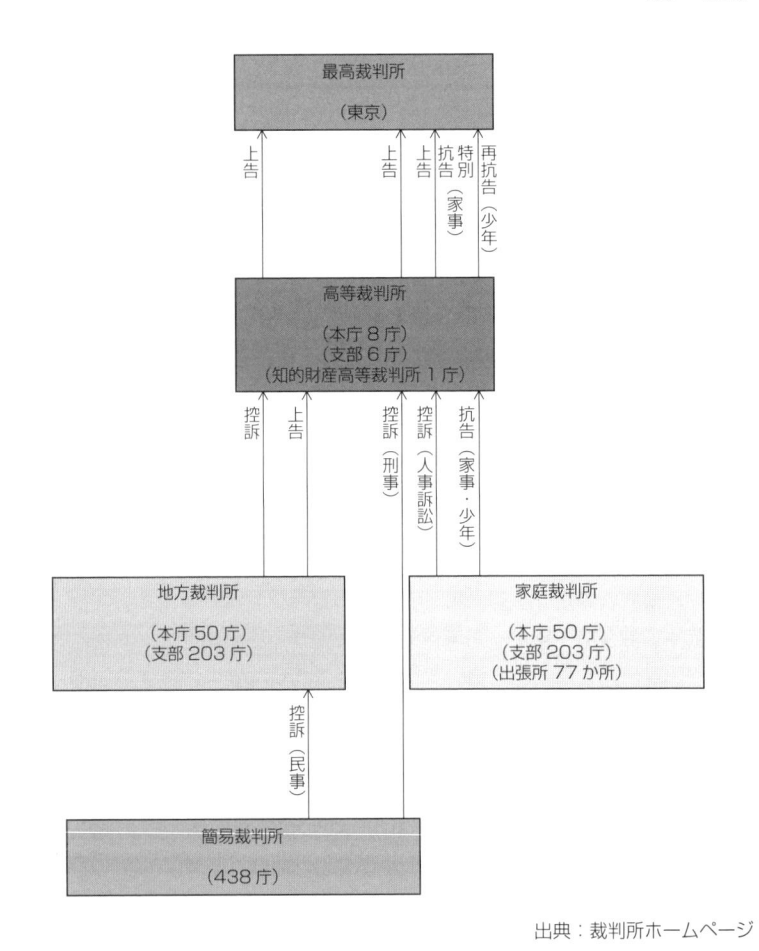

```
                    ┌──────────────────┐
                    │   最高裁判所      │
                    │    （東京）       │
                    └──────────────────┘
                    ↑      ↑  ↑  ↑
                    上     上  抗 再
                    告     告  告 抗
                           　  特 告
                           　  別（
                           　（少
                           　 家 年
                           　 事）
                           　）
                    ┌──────────────────┐
                    │   高等裁判所      │
                    │   （本庁8庁）     │
                    │   （支部6庁）     │
                    │（知的財産高等裁判所1庁）│
                    └──────────────────┘
              ↑    ↑      ↑    ↑    ↑
              控   上      控   控   抗
              訴   告      訴   訴   告
                          （   （   （
                          刑   人   家
                          事   事   事
                          ）   訴   ・
                              訟   少
                              ）   年
                                   ）
    ┌──────────────┐         ┌──────────────┐
    │  地方裁判所   │         │  家庭裁判所   │
    │  （本庁50庁） │         │  （本庁50庁） │
    │  （支部203庁）│         │  （支部203庁）│
    │              │         │（出張所77か所）│
    └──────────────┘         └──────────────┘
              ↑
              控
              訴
             （
              民
              事
              ）
    ┌──────────────────────────────┐
    │       簡易裁判所              │
    │        （438庁）              │
    └──────────────────────────────┘
```

出典：裁判所ホームページ

24 親権・監護権

> **親権**：未成年の子に対する身上監護権（教育権、居所指定権、懲戒権等）と財産管理に関する親の権利義務の総称。
>
> **監護権**：実際に子を監督・保護・教育する権利義務。本来的には親権の一部をなす権利義務です。

(1) 親権

　父母が婚姻中（→**20**）の場合には、父母が共同で親権を行使します。民法820条は、「親権を行う者は、子の利益のために子の監護及び教育をする権利を有し、義務を負う」と定めています。親権を行う者を親権者といいます。実親と養親がいる場合には養親が親権者となります。

　父母が離婚（→**23**）する場合には、父母のいずれか一方が単独で親権者となり（民法819条）、その親権者は単独で親権を行使できます。また、非嫡出子（→**22**）の場合には原則として母親が単独親権者となりますが、父が認知した場合には父親を単独親権者とすることもできます。

　親権者が死亡し、親権を行う者がいなくなった場合には、親権者の代わりに後見人が付され、未成年後見人が親権者と同様の権利義務を有することとなります。親権の具体的内容としては、子の監護、すなわち、身体の保護と教育すること、子の居所を指定すること、子を懲戒すること、子の職業に許可を与えること、子の財産を管理し、子の財産に関する契約等を代理することなどがあり、親権者がこれらの権限を行使します。

(2) 監護権

　父母が離婚する場合には、法律上の保護者である親権者とは別に、実際に子を監督・保護・教育できる監護権を有する監護者を定めることができ

ます。そして、親権者と監護者が分離する場合は、監護者が子の監護、居所の指定、懲戒、職業の許可の権限をもち、子を引き取って実際の養育にあたることになります。一方、親権者は、養子縁組等の身分行為の代理権や、子の財産管理権を持つことになりますが、日常生活においては、現実にその権限が行使されることは稀で、この場合の親権は子に対する抽象的権限とならざるを得ません。しかし、この方法をとることにより、子を引き取れない父または母も子に対する一定の権限を留保できることから、親権者の指定をめぐる争いを解決する手段として利用されることがあります。

　離婚した（元）夫婦間や別居中の夫婦の間で、子どもの取り合いが問題となる時、父と母の協議により子の監護者を定めることができます。子どもの監護者を定めるための協議が調わないとき、または協議ができないときには、家庭裁判所（→23まめ知識）の調停または審判の手続を利用できます。調停手続を利用する場合には、子の監護者の指定調停事件として家庭裁判所に申し立てることになります。監護者の指定は子の福祉の観点から手続が進められます。調停での話合いがまとまらず不成立になったときには自動的に審判手続が開始され、裁判官が審判をすることになります。

(3) ハーグ条約

　「国際的な子の奪取の民事上の側面に関する条約」（ハーグ条約）の締結が承認され、条約の実施に関する法律が成立し、我が国において2014年4月1日に発効しました。国境を越えた子どもの強制的な連れ去りなどがあったときに、迅速かつ確実に子どもを常居所地に戻すという国際協力の仕組みが定められています。DVが連れ去りの原因となっているような場合には返還拒否事由があるとされることもあります（同法28条2項）。

　なお、親権、監護権の理解は国によって異なります。例えば、ドイツでは親権を未成年者の世話をする親の義務であり、権利であるとしています。また、中国では親権に関する諸概念が統一されていないと言われています。

（依田　公一）

25 養育費・婚姻費用

> **養育費**：「未成熟子」(成人年齢に達しているかどうかに関係なく、経済的に自立できていない子）を養育するのに要する費用。婚姻中は婚姻費用の一部に含まれますが、離婚後は（元夫婦が）分担して負担することになります。
>
> **婚姻費用**：婚姻継続中に、夫婦が家庭生活を営むのに要する費用。衣食住、医療費、娯楽費、未成熟子の養育費・教育費がこれに含まれ、夫婦が共同でこれを分担して負担することになります。

(1) 養育費

「養育費」とは、子の養育のために必要な費用のことを指します。

婚姻期間中の子の養育のための費用は、通常は婚姻費用の中に取り込まれますので、養育費が問題となるのは、多くの場合、離婚後（→**23**）です。日本法が準拠法の場合には、離婚後の親権（→**24**）は単独親権となるので、離婚後の非親権者の親からの養育費の支払が問題となります。

養育費の支払期間は、通常は成人までとされますが、当事者間の合意により、たとえば大学卒業まで等と定められる場合も多く見られます。

養育費の金額や支払方法は、民法766条1項で定める「子の監護に必要な事項」に含まれ、裁判所（→**23**まめ知識）は、監護（→**24**）していない方の親（支払義務者）から監護している親（権利者）に対する支払いを命じることができます。

(2) 婚姻費用

「婚姻費用」とは、夫婦（と未成熟子を含む一家）が家庭生活を営む上で必要となる費用を言います。

夫婦は、その資産・収入その他の事情一切を考慮して婚姻から発生する費用を分担する義務を負いますが（民法 760 条）、婚姻継続中の費用が対象ですから、婚姻前の生活費や離婚後の生活費はこれには含まれません。

また、「婚姻から発生する費用」とは、原則として婚姻に基づく同居中の費用を指します。

そのため、離婚前に一定期間別居した場合には、別居中の生活費用は原則として婚姻費用に含まない取り扱いがされているものの、未成熟子の養育費については、逆に原則として婚姻費用に含むものとされています。

仮に夫婦財産契約（民法 755 条）を結べば、婚姻費用の分担についても、自由な割合を定めることができますが、日本ではこのような契約を夫婦間で結んでいる例はほとんど見かけません。

(3) 養育費や婚姻費用について争いが生じた場合

「婚姻費用」の分担も「養育費」の分担も、本来は当事者（夫婦）間の協議によって定めるべきものです。しかし、協議が調わない場合には、家庭裁判所が一切の事情を総合考慮して審判で定めることになります。

従前、家裁は、一家の「基礎収入」「最低生活費」「特別経費」といった項目を検討して算出を行っていたのですが、計算が煩雑で当事者からもわかりにくいとの批判が出ていました。そこで、裁判所内部での研究が進められ、基本的な考え方は踏襲しつつも、より明確な計算方法の試案が 2003 年 4 月に公表されました（「簡易迅速な養育費等の算定を目指して——養育費・婚姻費用の算定方式と算定表の試案」・判例タイムズ 1111 号 285 頁所収。裁判所のサイトにもその後収録）。現在の全国の家裁での養育費・婚姻費用の算定実務の大勢は、これによっているようです。

なお、日本弁護士連合会（日弁連）（→ p88）が 2016 年 11 月に「養育費・婚姻費用の新しい簡易な算定方式・算定表に関する提言」を取りまとめるなど、算定実務の見直しを求める動きも出てきています。

（関　聡介）

26 慰謝料・財産分与

> **慰謝料**：精神的損害に対して支払われる損害賠償金のこと。離婚の場合には、離婚原因となった行為や婚姻が破綻に追い込まれたこと自体について受けた精神的損害に対する損害賠償金を指します。
>
> **財産分与**：夫婦が婚姻生活を送っている間に形成された財産を、離婚に際して分ける（分け合う）こと。

(1) 慰謝料とは

「慰謝料」とは、他人の違法な行為により何らかの精神的な損害を受けた場合に、それを償う（「慰謝する」）ために支払われる損害賠償金です（民法710条、711条など）。

他人の行為により何らかの損害を受けた場合、その損害は、物理的・現実的損害と精神的損害とに分けられますが、後者が「慰謝料」として分類されます。精神的な損害と言ってもイメージがしにくいかもしれませんが、要するに、精神的にショックを受けたり苦痛を感じたりした場合がこれにあたります。

本項で想定する離婚事件（→23）の場合には、離婚について責任がある側（「有責配偶者」）が、責任がない側に対して、精神的な損害を与えていることになりますから、有責配偶者は相手方に対して慰謝料を支払わなければなりません。また、離婚の原因が浮気（法律用語では「不貞」）行為にある場合には、浮気された配偶者は、有責配偶者だけではなく浮気相手に対しても慰謝料を請求できます。

なお、夫婦の少なくとも一方が外国人である場合には、慰謝料の成否や算定にあたって適用すべき法律（「準拠法」）が問題となりますが、離婚についての準拠法（法の適用に関する通則法＝法適用通則法＝27条）と同

じとするのが多数説です。この多数説に従えば、夫婦の離婚について、日本の民法が適用になる場合には、離婚に伴う慰謝料も日本の民法で判断されることになります。

(2) 財産分与とは

「財産分与」とは、離婚などで夫婦関係が解消されるのに伴って、夫婦共有財産（共同財産）を（元）夫婦間で分けることを言います。

婚姻時に夫婦のそれぞれが持参した財産や、婚姻後に夫婦それぞれが相続（→27）で得た財産は、原則としてそれぞれの「固有（特有）財産」となって、財産分与の対象から外れます。

当事者間の協議が調わず、家庭裁判所（→23まめ知識）の判断に持ち込まれた場合、家裁は分与するか否かや、分与する場合の額や方法について、「当事者双方がその協力によって得た財産の額その他一切の事情」を考慮して定めることとされています（民法768条）。この「一切の事情」としては、①清算的な事情（共同で形成した財産の清算。これが基本）、②扶養的な事情（一方が離婚後どうしても生活できない場合などにその事情を考慮）、③慰謝料的事情（慰謝料的な要素を財産分与に反映）、④過去の婚姻費用に関する事情（別居中の配偶者が生活費を負担しなかった場合など）が挙げられています。（上記③を見て「あれ？」と思った方は、なかなか鋭いです。財産分与は財産を分ける制度であって、その中に前記の慰謝料が考慮されるのは本来筋違いであり、実際にそのような批判も強いのですが、現実の裁判では、財産分与手続の中で一括処理するのが簡便であることから、しばしば行われています。）なお、財産分与の準拠法は、離婚の準拠法（法適用通則法27条）と同じとされます。

(3) 慰謝料と財産分与の関係

「慰謝料」の相場は一概には言えませんが、そもそも日本では精神的損害への損害賠償額自体が米国などに比べると非常に低く、離婚に伴う慰謝

料もそれ程の高額になることはあまりありません（100～300万円程度が多いという印象です）。

　算定の際には、有責配偶者の行為（不貞など）の内容、婚姻期間（一般に長いほど高額）、子の有無などが考慮されますが、現実には有責配偶者の支払能力も裁判所の判断に影響しているように思われます。

　これに対して、「財産分与」はまず分与すべき対象財産を特定した後、その総額を評価し、清算割合を定めて、それにしたがって分割する、というプロセスで決まります。共働き夫婦だった場合には、原則として共同財産形成の寄与度は半々と考えて、財産分与の清算割合は5：5が基本とされます。これに対し、一方が専業主婦・専業主夫の場合には、専業主婦・主夫3～4：相手方7～6程度を基本とする例も見られます（批判もあります）。当然のことながら、いずれの場合でも、個別事情に応じて修正が加えられます。

（関　聡介）

27　相続・遺言・遺留分

> **相続**：人が死亡したときに財産上の地位を相続人に承継させること。
> **遺言**：生前に死後の財産及び身分の取扱いについて意思表示をしておくこと。
> **遺留分**：遺言などの内容にかかわらず、法定相続人（兄弟姉妹を除く）に対して最低限確保されている遺産の取り分。

(1) 相続

　死亡した人のことを被相続人といい、その被相続人の財産（遺産）を承

継する人を相続人といいます。

　日本の民法では、例えば、夫が死亡した場合、その妻と子が相続人であるときは、それぞれ2分の1の相続分を取得することを定めています（法定相続分。民法900条）。

　相続によりプラスの財産だけでなく、マイナスの負債をも含め一切を承継するので、相続しても負債のほうが多いときには、相続開始を知ってから3カ月以内であれば家庭裁判所（→**23まめ知識**）に相続放棄の申し立てをすることができます（民法938条）。

　相続財産の有無や相続人の調査が困難であるときには、家庭裁判所に申し立てをすれば、3カ月間伸ばすことを認めて貰えることがあります。

　相続放棄をすると最初から相続人でなかったことになるので、被相続人の負債を背負うことはありませんが、プラスの財産も承継しません。

(2) 遺言

　遺言の方式として、民法は、①自筆証書遺言、②公正証書遺言、③秘密証書遺言があり、特別方式として、④危急時遺言、⑤隔絶地遺言を定めています。

　遺言があれば死後の法律関係についてトラブルの発生を防止することが可能となり、特に、公証人に依頼して公正証書遺言を作成しておけば、遺言の成立をめぐり紛争が発生する可能性は減少するので、できるだけ公正証書で遺言書を作成するのが望ましいと言えます。

(3) 遺留分

　被相続人の兄弟姉妹以外の相続人には相続開始と共に、相続財産の一定割合を取得しうるという権利（遺留分権）が認められます（1028条）。例えば、長男に全部の財産を渡すという亡父の遺言があるとき、その遺言自体は有効としても、妻や次男は遺留分を有していますから、一定の割合の遺留分を確保するため相続財産に属する不動産、金銭等の返還を請求する

ことが可能です。

(4) 遺産分割
　相続財産は遺産分割手続により各相続人の財産となります。まず、遺言に遺産分割方法の指定があればそれによります（民法908条）。遺言による指定がないときには遺産分割の協議によることになるのが通常です（民法907条1項）。遺産分割協議には共同相続人の全員が参加することが必要です。協議が整わなかったり、協議ができないときには家庭裁判所で遺産分割調停がなされることとなり、調停が成立しないときには審判によることになります。

(5) 相続と準拠法
　外国人が日本で亡くなったときは、亡くなった外国人の本国法が適用されます（法の適用に関する通則法＝法適用通則法＝36条）。
　相続財産を動産と不動産に分けて、不動産については所在地の法律を適用し、動産については被相続人の本国法を適用する国（アメリカ、イギリス、フランス、中国など）もあります。これに対し、日本、ドイツ、韓国などは、全ての法律関係について統一的に被相続人の本国法を適用することにしています。

(6) 日本にいる外国人の遺言の作成について
　遺言の成立及び効力は、遺言成立当時の遺言者の本国法に基づいて判断することになります（法適用通則法37条1項）。
　遺言の方式については、遺言の方式に関する法律の抵触に関する条約に日本も批准し、「遺言の方式の準拠法に関する法律」が制定されています。この法律2条によると、遺言はその方式が次のいずれかに適合するときは方式に関し有効とされています。すなわち、①行為地法、②遺言者が遺言の成立または死亡の当時国籍を有した国の法、③遺言者が遺言の成立また

は死亡の当時住所を有した地の法、④遺言者が遺言の成立または死亡の当時常居所を有した地の法、⑤不動産に関する遺言について、その不動産の所在地法の5つです。遺言をなるべく有効と認めることにより、遺言者の意思を尊重しようとしています。

(依田　公一)

28 症状固定・後遺障害・逸失利益

> **症状固定**：事故や事件で負った傷害について、これ以上治療を継続しても治癒が見込めない状態になったこと。
> **後遺障害**：症状固定後に残った精神的・身体的障害のこと。
> **逸失利益**：事故や事件がなければ被害者が得られたであろう経済的利益を失ったことによる損害のこと。

(1) 症状固定と後遺障害

　例えば交通事故や労働災害など、事故や事件で傷害を負い、相当の期間治療を続けてきても、「これ以上は治癒しない」という段階に至ることがあります。これを、症状固定といいます。症状固定したかどうかは、医師の判断によりますが、通常は、6カ月以上治療した後での診断となることが多いようです。

　後遺障害とは、症状が固定した後に残った精神的・身体的障害のことで、例えば、失明してしまった場合、骨が変形してしまった場合などがその例です。事故などの損害賠償としては、症状固定までは治療費が損害として認められますが、症状固定後は、仮に続けて治療を受けていたとしてもその治療費については損害とは認められず、後遺障害に基づく慰謝料や

逸失利益の問題となります。

(2) 逸失利益

　逸失利益とは、事故などがなければ被害者が得られたであろう経済的利益を失ったことによる損害をいいます（逸失利益のことを、「消極的損害」、「得べかりし利益」と呼ぶこともあります）。原則としては、事故などがなければ被害者が得られたであろう収入と、事故後に現実に得られる収入との差額が損害額となりますが、実際に減収が発生していない場合（例えば学生や専業主婦など事故の時点で収入がなかった場合など）にも、事故などによって労働能力が喪失したことを損害と考えて、損害額を計算します。労働能力の喪失については、症状固定後に残った後遺障害を自賠責保険の障害等級認定表にあてはめ、該当する障害等級に対応する労働能力の喪失率を用いるのが一般的です。

　死亡による逸失利益も後遺障害による逸失利益も、年収（事故時点の年収を基礎とするが、賃金センサスなども考慮する）、労働能力喪失率（死亡の場合は100％）、就労可能年数（事故時から67歳までの期間を基本とする）をもとに計算し、これから中間利息を控除します。中間利息を控除するのは、本来は将来に向けて毎月受け取るはずの収入を、事故時に一括して損害賠償金として受け取ると考えるからです。また、死亡の場合には、生活費の支出がなくなるため、この点を調整することになります。

　現在の裁判例においては、中間利息控除の方式としてライプニッツ方式というものを採用しています。具体的な逸失利益の算定式としては、
［死亡による逸失利益＝］
　年収×（1－生活費控除率）×就労可能期間に対応するライプニッツ係数
［後遺障害による逸失利益＝］
　年収×労働能力喪失率×就労可能期間に対応するライプニッツ係数
となります。

　なお、外国人の後遺障害による逸失利益を算定する場合、その人の在留

資格の有無や種類によって、算定の基礎となる収入額が変わってくるという問題があります。例えば、オーバーステイであるなど就労可能な在留資格を持たない外国人が、日本で仕事をしていて交通事故や労災事故にあったという場合、事故後3年程度については日本で実際に受けていた現実の収入を基礎とするが、それ以降については、本国の収入額（例えば本国の平均賃金や本国と日本との物価水準などを参考にして算定）を基礎として算定するというのが多くの裁判例です。

また、「永住者」、「日本人の配偶者等」、「定住者」などの活動内容に制限のない在留資格の場合には、日本人と同様に計算されますが、「技術・人文知識・国際業務」などの場合は、在留期間更新の可能性が考慮されます。

（渡部　典子）

29　倒産・破産

> **倒産**：個人や法人が、経済的に破綻して債務の弁済が困難となり、経済活動を続けることができない状態となったこと。
> **破産**：広義では、倒産と同じ。狭義では、破産法に基づき、裁判所の破産手続開始決定を受けて、債務者の総財産をすべての債権者に公平に弁済することを目的とする手続。

(1) 倒産

「倒産」とは、法律用語としての定義があるわけではありませんが、経済的に破綻して債務の弁済が困難となり、経済活動を続けることができない状態となったことをいいます。

倒産状態になった場合に、その処理をどうするかを、倒産処理、倒産手

続などといいます。倒産処理・倒産手続には、①法律に基づいて行われるものと債権者との話し合いにより任意に行われるもの、②再建をめざして行うものと清算をするものといった区分があります。

例えば、狭義の「破産」は清算型の法的手続であり、「民事再生」・「会社更生」などは、再建型の法的手続です。清算型というのは、債務者の財産を全て金銭に換えて債権者に分配（配当）する手続であり、再建型というのは、債務の一部免除や条件変更などを債権者に認めてもらい、債務者の事業を継続して債務の弁済を行い、その再建を目指す手続です。

いずれの手続をとるにしても、一部の債権者を理由もなく有利に取り扱ったりせず、公平に処理することが重要になります。

(2) 破産

狭義の「破産」は、債務の弁済が困難になった債務者自身が裁判所（→**23 まめ知識**）に対し申立てを行うのが通常ですが（これを自己破産といいます）、債権者が破産の原因があるとして申立てを行うこともあります。申立てを受けた裁判所は、債務者が支払不能（弁済期の到来した債務を一般的かつ継続的に弁済することができない状態）または債務超過であると判断した場合には、破産手続の開始を決定します。この場合、通常は、裁判所によって破産管財人が選任され、この管財人が、債務者の財産を売却するなどして金銭に換価し、債権者に対し、原則として債権額に応じて平等に分配（配当）することになります。ただし、税金や給料など、一部の債権のなかには、他の債権よりも優先して配当を受けられるものもあります。また、管財人が換価するような債務者の財産が存在しない場合には、裁判所が破産管財人を選任しないで手続を終了させることもあります。

債務者（破産者）が個人の場合には、財産を換価して配当するという手続だけではなく、残った債務について、支払の免除を受けるという裁判所の許可を得る必要があります。これを、免責といいます。破産の原因がギャンブルなどの浪費だった、財産があるのに隠していたなどの事由があ

ると、免責が許可されないことがあり、破産手続そのものは終了しても、債務を支払う義務は残ることになってしまいます。

　外国人であっても、日本に住んでいれば日本の裁判所において破産や免責の決定を受けることができますが、その効力が本国の債権者に及ぶかという点については、本国法を確認する必要があります。

　なお、個人が破産をしたとしても、その事実が戸籍に記載されるということはありません。手続が終了すれば、特に行動に制限（例えば海外旅行に行けないなど）はありません。弁護士、会計士など一部の職業については、破産が欠格事由になっていますが、免責の確定により復権すれば、資格は回復します。

（渡部　典子）

30 労働契約

> **労働契約**：一般には会社とそこで働く人との間の約束、契約のこと。給料、働く場所、働く期間の定めがあるのか等の諸条件が決められます。

(1) 労働契約

　「労働契約」とは、労働者が使用者に使用されて労働し、使用者がこれに対して賃金を支払うことについて、労働者と使用者が合意することにより成立します（労働契約法6条）。労働契約は、仕事をする場所、仕事の内容、毎月の賃金額、支払い時期、労働時間、休憩時間、休日、年次有給休暇、残業の有無などの労働条件をあらかじめ決めて契約します。

　契約期間については、「無期・期間の定めがない」契約と「有期・期間

の定めがある」契約に分かれます。一般に前者の契約をする社員を「正社員」といい、会社では中心となる社員です。後者を「(有期)契約社員」などと呼びます。正社員の場合は、就業規則などで決まっている定年年齢までは勤務できるのが通常です。

　以上のような労働契約の条件については、契約締結に際して使用者から労働者に対し書面により明示しなければなりません（労働基準法15条）。

　これら労働条件の内容が不明確なときは、就業規則の規定で補われることがあります。また、労働基準法の規定を下回る内容は無効となり、法の定める内容が当事者間の契約内容となります。

　外国人が日本で働くためには、「就労資格」が認められることが必要ですが、それが認められれば、労働関係の諸規定は、労働者の国籍によって差別取扱いをしてはならないと定められているので（労働基準法3条）、基本的には外国人も日本人と同様に扱うこととされています。

(2) 有期労働契約

　「有期労働契約」とは、労働契約の期間が6カ月とか1年とあらかじめ決められている契約です。有期契約の社員は、パート社員、派遣社員（→*31*）などと呼ばれる働き方をしており、会社の中心社員とされる「正社員」に対し「非正(規)社員」などと呼ばれたりします。

　有期契約の社員については、あらかじめ決められた契約期間が満了するときに契約を繰り返す（「更新する」）のか、そのまま終了するのかが問題となります。このため契約を更新することがあるのかないのか、ないとするとどのような場合なのか、最初に労働契約を結ぶときに決めておくことが必要です。

　近年、有期契約で働く人（特に女性）が増えています。労働契約法は、有期契約が通算して5年を超えるとき、働く人が希望したら期間の定めのない契約に転換できる制度を導入しました（労働契約法18条）。

　また、有期の契約期間が満了した際に、使用者が契約を更新しないとき

(「雇止め」(→**32**) という)、従来の契約が反復更新されてきたなどの事情や上司などに契約を更新させると期待される言動があったときなどは、当該雇止めを認めないことがあると定めました（労働契約法19条）。

（加藤　博義）

31 請負・委託・派遣

> **請負**：決められた仕事を約束の日までに完成させる契約のこと。仕事を任された者が、誰を使うか、仕事の進め方などは自由に決められる契約です。
> **委託**：請負と同様に一定の事務などの完成を頼む者（「委託者」）と、その仕事を引き受けてくれる者（「受託者」）との間で約束される契約のこと。
> **派遣**：「派遣元」となる会社等が本来一定のスキルを持った労働者を雇い、この労働者を必要とする会社等（「派遣先」）に派遣し、労働者は、派遣先の指揮に従って働く契約のこと。

(1) 請負契約

「請負契約」とは、請負人がある仕事の完成（典型的には、約束の家を約束の期日までに建てることなど）を注文主に約束し、注文主はその仕事の完成に対して約束の報酬を支払うという契約です。請負人は、仕事の進め方などには自由な裁量を有し、下請人を使ったりすることができます。

(2) 委託契約

「委託契約」とは、委託者がある仕事の処理を受託者に依頼し、受託者

がこれを承諾して契約が成立します。例えば、給排水設備の修理や郵便物の配送などです。受託者は、自己の裁量や判断で適切に仕事を進め約束の仕事が終了すれば、委託者から報酬が支払われます。

　最近、請負契約や委託契約などが、対等な契約当事者の形式をとりながら、注文主や委託者が請負人や受託者に対し、仕事の細部にまで指示命令し、報酬も仕事の完成に要した時間をもとに決められるなど実質的には労働契約（→*31*）とみられる契約が行われています。「偽装請負」などといわれている問題です。実質的な労働契約関係であれば、注文主（委託者）は、労働関係法規が使用者に課している責任〔労働者を安全に働かせる配慮義務、雇用保険（→*35*）や健康保険（→*37*）の保険料の折半負担など〕を負担しなければなりませんが、これら負担を免れようとするものです。

（3）派遣労働

　「派遣労働」とは、労働者と労働契約を結んだ企業（派遣元）が派遣労働契約を締結している依頼主（派遣先）へ労働者を派遣し、労働者は派遣先の指揮命令に従って労働を提供する契約です。

　派遣先は派遣元に派遣料金を支払い、派遣元はその料金から労働者に賃金を支払います。労働者にすれば、労働契約の相手とは別の第三者のために労働する関係になります。

　登録型派遣労働者は、派遣元に希望する業務やスキルなどを登録し、派遣先の仕事がある時だけ派遣元と労働契約を結び派遣先で働きます。登録型派遣は、派遣先がなくなると、別の派遣先を探すまでは、契約も解約されるなど不安定な労働関係となりやすくなります。一方、常用型派遣労働者は、派遣先がなくなっても派遣元との労働契約は維持されます。

（加藤　博義）

32 退職・解雇・雇止め

> **退職**：労働者が自分の意思に基づいて雇用先を辞めること。
> **解雇**：使用者が労働者を一方的に辞めさせること。
> **雇止め**：労働者と使用者との間で労働契約の期間が6カ月とか1年と決まっている場合で、契約期間が満了したとき、使用者が労働契約の更新を拒否すること。

(1) 退職

「退職」とは、本来労働者の自由な意思等で会社などを辞めることですが、実際のケースでは、特定の労働者に対し、会社の上司から勤務態度や能力に問題がある、同僚との協調性がないなどの理由を挙げて、会社を辞めさせるためにときには働きかけ（「退職勧奨」という）がなされます。

その結果、その労働者は「一身上の都合による」などの理由を挙げた退職届などが提出されたりします。後日、問題となったときに自由意思で辞めたのだというような形式を装うためです。その退職を巡り訴訟などになることがあります。退職勧奨の際の上司の言動や理由などに合理性があるか、相当性を欠くようなことはなかったかなどが調べられ、退職届が無効とされることもあります。

(2) 解雇

解雇をするには、少なくとも30日前に予告するか30日分以上の予告手当を払わなければなりません（労働基準法20条）。有期労働契約の場合は、「やむを得ない事情」がなければ解雇できません。

また、解雇は、客観的に合理的な理由を欠き、社会通念上相当であると認められない場合はその権利を濫用したものとして無効とされます（労働

契約法 16 条)。

　以上のほかに、労働者が業務上の傷病で休業中の期間及びその後 30 日間、産前産後の休業期間及びその後の 30 日間（労働基準法 19 条）は解雇ができません。また、不当労働行為となる解雇（労働組合法 7 条)、婚姻（→*20*)、妊娠、出産等を理由とする解雇（雇用機会均等法 9 条）などの場合も解雇はできません。

　使用者は、有期労働契約（→*30*）についてやむを得ない事由がある場合でなければ、その契約期間満了までに労働者を解雇することはできません。（労働契約法 17 条)。

(3) 雇止め

　労働契約が有期である以上、通常は期間満了で契約は打ち切られます。しかし、更新手続きが長年にわたって形式的に更新され、雇止めが解雇とみなされる場合や、使用者の更新を認めるような発言などから労働者が更新を期待したことに合理性がある場合で、使用者が雇止めをすることが客観的に合理的な理由を欠き、社会通念上相当と認められないときには、雇止めは認められません。

　この場合、労働者が契約期間満了前または契約期間満了後に遅滞なく有期労働契約の申し込みをしたときには、使用者は、有期労働契約の更新または締結の申し込みを承諾したものとみなされ、同一の労働条件で有期労働契約が成立したことになります（労働契約法 19 条）。

　　　　　　　　　　　　　　　　　　　　　　　　　（加藤　博義）

33 起業

> **起業**：新たに事業を手掛けること。会社を設立する方法と個人事業として事業を行う方法があります。外国人が起業する場合、在留資格が永住者等であれば何の制限もありませんが、その他の場合には一定の制約があります。

　起業には、法人として株式会社等を設立する場合と、個人事業を始める場合があります。法人・個人事業のどちらの場合にも、外国人が起業するためには、①就労活動に制限のない在留資格（「永住者」「日本人の配偶者等」「永住者の配偶者等」「定住者」）（→**3.6**）、または、②「経営・管理」（→**5**）の在留資格が必要となります。

　「経営・管理」の在留資格を取得する場合には事業の継続性・安定性を求められるため、一定の制約があります。そして、「経営・管理」（2015年3月までは「投資・経営」）の在留資格を取得するためには、他の在留資格（「技術・人文知識・国際業務」など）から在留資格を変更（→**10**）する場合と、現在は海外にいるなど、まだ在留資格がない外国人が在留資格を得る場合があります。在留資格変更が必要な場合に、これをせずに事業を行えば、資格外活動となり、最悪の場合には不法就労者として在留資格の取消や退去強制（→**11**）の対象となる場合もありますので注意が必要です。

　「経営・管理」の在留資格は、これまで外資系企業における経営・管理活動に限られていましたが、2014年6月入管法が改正され、2015年4月以降、日系企業における経営・管理活動も可能となりました。また、この改正により、海外在住の外国人が日本で単独で会社を設立する手続きも簡素化され、①定款等の必要書類を入国管理局へ提出（登記事項証明書は不

要)、「経営・管理」の在留資格を申請、②入国管理局から4カ月の在留資格の付与、在留カードが発行される、③在留カードにより住民登録後、印鑑証明書を取得し、4カ月以内に会社を設立、④入国管理局へ在留期間の更新を申請、許可されれば日本での活動が引き続き行えることとなりました。

なお、会社設立にかかる費用は、公証人による定款の認証手数料、印紙代、登録免許税などで約20万円から24万円の実費が必要です。会社設立の手続きを行政書士等に依頼する場合、委託手数料は大体15万円前後です。

在留資格がない外国人や短期滞在で来日した外国人には「在留カード」が発行されないため、単独での会社設立は不可能となり、事業開始時には、日本における信頼できるパートナーが不可欠となっています。

(柳原　千秋)

34 所得税・住民税・確定申告

> **所得税**：個人の1年間の所得(儲け、利益)に対して課される国税のこと。所得の金額に応じ税率が定められています。
> **住民税**：市町村民税と道府県民税の総称で市町村が一括して賦課徴収する地方税のこと。1月1日現在の住所地で課税されます。
> **確定申告**：給与所得者等が所得税の申告及び納税をする際に行う手続きのこと。原則としてその年の翌年2月16日から3月15日までの間に確定申告書を税務署に提出しなければなりません。

(1) 所得税

給与所得者(サラリーマン等)つまり会社の従業員の収入に対して課税

される税金には、所得税及び住民税があります。所得税は国が課する税金で国税と呼ばれ、個人の所得に対してかかる税金です。ここでいう所得とは、いわゆる「儲け」とか「利益」のことです。

　その人の1年間（1月～12月）のすべての所得から所得控除した残りを「課税所得」といい、これに一定の税率を適用して税額を計算します。所得控除とは、個人的な事情（扶養家族の人数や医療にかかったこと等）に応じて税負担を調整することで、14種類の所得控除が認められています。主な控除には、基礎控除（38万円）、配偶者控除、扶養控除、障害者控除、生命保険料控除、地震保険料控除、社会保険料控除、医療費控除等があります。

　従業員の所得税は、毎月の給与や賞与から源泉徴収（天引き）され、12月の年末調整で精算されます。年末調整とは、会社が従業員に代わって所得税の精算を行い、年税額を税務署に納付することにより、従業員が確定申告を行う手間を省く手続きのことです。年間の給与総支給額が確定してから行いますので、毎月の給与から控除し過ぎたときは年末調整で戻されるし、逆に毎月の控除が少なかったときはその分を加えて年末調整されることになります。

　年末調整は、「給与所得者の扶養控除等申告書」を提出している従業員で、その年分の給与収入が2000万円以下の人について行われます。年収が2000万円を超える従業員や2カ所以上の会社から給与を受けている人は、自営業者と同じように確定申告の手続きをしなければなりません。

　外国人従業員は、居住者なら日本人と同じ扱いですが、非居住者の場合は一律20.42％の税率で源泉徴収されることになります。

(2) 住民税

　住民税は、地方税とも呼ばれますが、一般的には、市町村民税（23区では特別区民税）と道府県民税（東京都では都民税）の総称です。住民税は、1月1日現在の住所地で、前年の1月1日から12月31日までの1年

間の所得に対して課税されます。そのため、1月2日以降に他の市町村に転居した場合でも、1月1日現在で居住していた市町村に全て納付することになります。前年の所得金額に応じて課税される「所得割」と、所得金額にかかわらず定額で課税される「均等割」を合算した額を住民税として納付します。

　住民税を納める方法には、「特別徴収」と「普通徴収」があります。特別徴収とは、従業員について、会社がその年の6月から翌年の5月までの12回に分けて給与から天引きし、従業員に代わって従業員の住所地の地方自治体に納める方法です。他方、普通徴収とは、自営業者等給与から住民税を差し引けない人などを対象とした納税方法です。

(3) 確定申告

　所得税の申告及び納税をする際に行う手続きを「確定申告」といい、原則としてその年の翌年2月16日から3月15日までの間に確定申告書を税務署に提出しなければなりません。外国人であるか日本人であるかで違いはありません。

　給与所得者は、通常確定申告の必要はありませんが、医療費控除などの適用を受ける場合には、確定申告が必要となり、それによって税金の還付を受けることができます。

　なお、2013年から2037年までの各年分の確定申告については、所得税と復興特別所得税を併せて申告しなければなりません。

（柳原　千秋）

35 雇用保険

> **雇用保険**：会社で働く人が、会社から解雇されたとき、退職したときなどに一定期間、お金が支給される制度。

「雇用保険」とは、労働者が解雇（→**32**）・倒産（→**29**）・自己都合などで離職し、働く意思と能力がありながら就職できない場合に基本手当（失業手当）がハローワーク（→ p93）から支給されることを骨格とする制度です。この他、育児休業や介護休業中の給付も行います。

正社員だけでなく、①31日間以上引き続き雇用が見込まれ、かつ②1週間の所定労働時間が20時間以上の有期労働契約者（→**30**）も、資格取得手続きが必要となります。

受給要件は、一般の離職者の場合、離職の日以前の2年間に11日以上働いた月が12カ月以上あることです。

一方で、特定受給資格者（倒産や解雇などの離職者）や特定理由離職者（契約の更新の場合ありとの約束がありながら更新されなかった者）の場合は、離職の前1年間に11日働いた月が6カ月以上あることが要件になります。

給付額は、基本手当日額（年齢ごとに賃金日額の50〜80％）に給付日数（退職か解雇かなどの離職理由、年齢、被保険者期間により90日〜360日）を乗じて決まります。

その給付日数は、次の表のとおりです。

一般の離職者（定年退職者や自己の意思で離職した者）、障害者等の求職困難者

区分 \ 被雇用者であった期間	1年未満	1年以上5年未満	5年以上10年未満	10年以上20年未満	20年以上
一般離職者 全年齢	—	90日	90日	120日	150日
就職困難者 45歳未満	150日	300日			
45歳以上65歳未満	150日	360日			

特定受給資格者（倒産、解雇等により、再就職の準備をする時間的余裕なく離職を余儀なくされた者）

区分 \ 被保険者であった期間	1年未満	1年以上5年未満	5年以上10年未満	10年以上20年未満	20年以上
30歳未満	90日	90日	120日	180日	—
30歳以上35歳未満	90日	120日(※)	180日	210日	240日
35歳以上45歳未満	90日	150日(※)	180日	240日	270日
45歳以上60歳未満	90日	180日	240日	270日	330日
60歳以上65歳未満	90日	150日	180日	210日	240日

※離職日が平成29年3月31日以前の場合であり、その後の離職は90日です。

（加藤　博義）

36 労災保険

労災保険：働く人が仕事中にけがをしたり、仕事が原因で病気になったとき、あるいは会社への通勤の途中でけがをしたとき、けがや病気を治すための治療費などを国が負担する制度。また、働けず収入がないとき、国が一定のお金を支給します。

労働者が、仕事中にけがをしたり、病気にかかったりした場合、使用者は労働者の療養費を負担しなければなりません。ところが大きな災害であったりすると、使用者が十分に負担しきれないことも考えられます。また療養のために働けず賃金を得られないとき、労働者が働けなくなった期間の生活を補助する必要もあります。このために労働者災害補償保険法は、日ごろから使用者に一定の保険料を納付させ、災害が発生した時には、そこから補償を行うことを定めています。

　この補償が認められるためには、労働基準監督署（→ p92）長の認定が必要です。その認定には、次の要件が定められています。
① 　労働契約に基づいた使用者の支配・管理下にある状態（業務中）においてけがや病気が発生したこと（業務遂行性といいます）。作業中だけでなく、その準備行為や後始末も業務と見ます。
② 　業務とけがあるいは病気との間に相当の因果関係があることが必要です（業務起因性といいます）。業務が原因とされる病気の判断は難しいため、その範囲は法律で決められています。

　以上を「業務災害」といいますが、労働者が仕事上だけでなく住居と勤務場所との間の通勤中にけがをしたり、病気になったりした場合を「通勤災害」といい、業務災害と同じく労災保険が適用されます。この場合「通勤」とは、①住居と勤務場所との間の往復、②勤務場所から他の勤務場所への移動、③単身赴任先住居と帰省先住居との間の移動を合理的な経路及び方法により行うことをいいます。往復の経路を逸脱または中断したときは、逸脱または中断の間及びその後の往復は「通勤」にはあたりません。

　ただし、逸脱または中断が、日常生活に必要な行為であって、やむを得ない理由（例えば、日用品の購入や病院などの診療・治療）の最小限の場合には、逸脱・中断の部分を除き「通勤」とみなされます。

　労災保険からの給付で傷病が治るまで、労働者は無料で診察・治療を受けられます。また、療養のため賃金の得られない期間に賃金の約80％が補償されます（休業補償給付）。さらに、傷病が1年6カ月を経過しても

治らないときなどは、傷病補償年金または特別支給金が傷病の程度に応じ支給されます。加えて、傷病が治っても障害が残った場合、障害年金または一時金が支給されます。そして、労働者が業務災害・通勤災害で死亡した場合、遺族に対し遺族年金あるいは遺族一時金が支給されます。

(加藤　博義)

37 健康保険・年金

> **健康保険**：労働者やその家族が病気やけがをしたとき治療費の1割ないし3割の負担で医療給付が受けられる国の制度。会社などに勤務する労働者は、(パート労働者も一定の条件を充たせば) 被保険者になります。
>
> **年金**：老後の保障、障害や死亡した場合の社会保障を受けられる制度。20歳以上となった場合 (国民年金) や会社に雇用された場合 (厚生年金) に加入します。

(1) 健康保険

会社に勤めている人は、会社が加入する健康保険組合、又は全国健康保険協会 (協会けんぽ) の健康保険に加入することとなり (公務員は共済組合)、自営業の人は、地方自治体等が運営する国民健康保険に加入します。

会社勤めの人が加入する健康保険組合は、働く人が会社を休み賃金を得られない期間、給料の3分の2相当の額の傷病手当金が、欠勤4日目から最長1年6カ月間支給されます。また、出産したとき、不幸にも亡くなったときなどに健康保険組合などから手当金の支給が行われます。

法人の事業所は、健康保険や厚生年金保険に加入が義務づけられていま

す。正社員だけでなくパートタイマーなども、1日または1週間の所定労働時間及び1カ月の労働日数が、その事業者の一般の労働者のおおむね4分の3以上あるときは、加入が義務づけられる被保険者になります。

パートタイマーなど年収が103万円以下のときは、配偶者（多くは夫）の扶養家族とされ、夫の所得税の一部が控除されます。また、扶養家族の年間収入が130万円未満（60歳以上、又は一定の障害者は180万円未満）の場合は、配偶者が加入する保険の適用を受けられます。保険料は、加入する健康保険組合により異なります。協会けんぽ（東京都）の場合（2017年4月時点）には、給料や賞与の千分の99.1を事業主と労働者が折半します。会社に勤めていない人や自営業の人が加入する国民健康保険には、傷病手当金はありません。また、その保険料は加入者が全額負担します。

(2) 年金

「年金」には、20歳以上の全ての国民が加入する国民年金と、会社などで働く労働者が加入する厚生年金（公務員は共済年金）とがあります。

加入者が老齢になったとき、国民年金からは、全加入者に共通の基礎年金が支給され、厚生年金は、会社などに雇われた労働者を対象にして国民年金に上乗せされたいわば2階建て部分の年金が、負担した保険料に比例して支給されます。年金は、老齢になったとき以外でも、障害になったとき、死亡したときの遺族の生活補償のためにも支給されます。

なお、国民年金の保険料の納付が経済的に難しいとき、保険料納付の免除あるいは猶予の制度があります。

日本で働いてきた外国人が、帰国するようになって日本の年金制度をやめるとき、「脱退一時金」の支給対象となることがあります。脱退一時金は日本での年金加入期間が6カ月以上ある場合に支給されます。請求手続は日本の転出届提出後、具体的には帰国してからとなります。

ただし、最近は各国との社会保障協定制度により、日本との協定対象国の場合には、本国との社会保険の二重加入を防ぐため、日本での社会保険

加入が免除される場合があり、免除の適用を受けている場合には、脱退一時金の対象とはなりません。

　また最近は、日本での年金加入期間と自国での年金加入期間とを通算して、将来、年金が支給される制度（社会保障協定）の対象となる国が年々増えてきています。社会保障協定を結んでいる国出身の外国人の場合には、手続きは自治体または年金事務所で行うことになります。

（加藤　博義）

38　生活保護・社会手当

> **生活保護**：国が困窮の程度に応じて、最低限度の生活を保障し、自立を助長する制度。
> **社会手当**：所得、年齢、障害、家族状況など一定の要件を元に金銭が支給される制度。

（1）生活保護と社会手当の違い

　生活保護を受給するための審査には、資力調査があります。また、受給の前提として、世帯員全員が利用し得る資産、能力その他あらゆるものを最低限度の生活の維持のために活用することが条件となります。つまり、現在持っている預金や就労できる能力を使うことが前提です。

　一方、社会手当は、資力調査や保険料の負担がなく、公費を財源として、所得や年齢制限、障害の程度、家族状況などの一定要件の元に支給されます。

(2) 生活保護制度と受給

　生活保護法に基づく制度で、国が生活に困窮する国民に対して、最低限度の生活を保障し、その自立を促すことを目的としています。保護の種類は、①生活扶助　②教育扶助　③住宅扶助　④医療扶助　⑤介護扶助　⑥出産扶助　⑦生業扶助　⑧葬祭扶助　の8種類で、要保護者の状況に応じてこれらの扶助が1つ（単給）または複数（併給）が給付されます。

　生活保護費の金額は、厚生労働大臣が定めた生活保護基準に沿って決められ、世帯全体の収入が基準に足りないときにはその不足分だけが支給されます。

　生活保護制度は、生活困窮者に対しての最後のセーフティーネットであるということは、よく知られていますが、もう一つ目的があります。それは、保護を受ける人が、その能力に応じて自立して社会生活を送ることができるよう自立助長を図ることも規定されていることです。生活保護を受給しながら自立を目指して、就職活動を行ったり、生活環境の整備、病気の治療などを行うことになります。ハローワーク（→ p93）と自治体が連携して行う生活保護自立支援プログラムでは、就労支援コーディネーターによる生活保護受給者等就労支援事業が行われています。

　外国人の場合、受給内容としては原則、日本国民の場合と変わりません。ただ、永住者（→**6**）以外の外国人の場合、在留期間の更新（→**10**）をする際に、許可期間が3年または5年から1年になる場合があることや永住申請の許可の要件に実質的に該当しなくなることに注意を要します。

(3) 生活保護手続きの流れ

　市や特別区、任意に設置されている町村の福祉事務所（→ p94）があるところに住む人は、その地の福祉事務所の生活保護担当で申請を行います。福祉事務所がない町村に住む人は、町村役場の窓口を経由して都道府県の福祉事務所で行います。生活保護を受けたい本人が福祉事務所で申請を行うことが原則です。ただし、緊急の場合には、福祉事務所が職権で保

護することが定められています。

　保護の要否は申請後、審査を経て 14 日以内に決定されます。相談や申請をした後、家庭訪問、預貯金、保険、不動産等の資産調査、扶養義務者による扶養（仕送り等の援助）の可否の調査、年金（→**37**）等の社会保障給付、就労収入等の調査、就労の可能性の調査を受けます。保護開始の決定は通知書で行われ、そこに具体的な保護の種類（生活扶助や住宅扶助、教育扶助等）が記載されています。厚生労働大臣が定める基準に基づく最低生活費から年金や就労収入等の収入を引いた額を保護費として毎月支給されます。

（4）生活保護の対象者

　生活保護法上は、日本国民を対象としています。外国人の場合は、「永住者」「定住者」「永住者の配偶者等」「日本人の配偶者等」「特別永住者」（→**6**）と難民認定された「難民」（→**8**）については、実質的に生活保護制度が準用され、日本国民と同じ運用がされています。ただし、準用ですので、各自治体の判断によります。また、外国人については支給を請求する「権利」があるか否かが争われた訴訟で、最高裁（→**23** まめ知識）はこれを否定しています（2014 年 7 月 18 日判決）。

（5）社会手当

　広く受給されている社会手当には、児童手当と児童扶養手当があります。児童手当制度は、家庭等における生活の安定に寄与することと、次代の社会を担う児童の健やかな成長に資することを目的としています。支給の対象は、中学校修了までの日本国内に住所がある児童を養育している父母や保護者です。所得制限があり、夫婦と児童二人の場合は 960 万円未満となります。制限は所得金額のみで資産の調査はありません。相談や申請は、区市町村の窓口で行います。

　児童扶養手当制度は、父母が離婚したり、死亡、行方不明、DV 保護命

令などの理由で、ひとり親になった家庭を対象に、生活の安定と自立の促進に寄与することを目的としています。父または母と生計を同じくしていない児童の養育者に、児童1人の場合は月額4万1430円が支給されますが、この金額は、子どもの数や所得等によって変わります。相談や申請は、市町村、特別区に行います。

その他、精神や身体に障害を有する児童の親や障害者などに支給される特別児童扶養手当や障害児福祉手当、特別障害者手当があります。いずれも相談先は市町村の窓口です。

なお、正規の在留資格（→**3**）を持っていない場合は、生活保護や社会手当の申請は厳しいのが現状です。弁護士など専門家のアドバイスを受けて、現状への対応を適切に行うことが必要でしょう。

（注）金額はいずれも2015年時点

（青柳　りつ子）

39 義務教育・学齢・転入・編入

義務教育：満6歳から15歳までに無償で受けられる普通教育。国民は憲法や法律により、その保護する子どもにこの教育を受けさせる義務を負います。

学齢：義務教育を受ける年齢。日本では現在、満6歳から15歳まで。

転入：他の学校（幼稚園、小学校、中学校、高等学校、中等教育学校、特別支援学校、大学および高等専門学校）から課程の途中で移ってくること。

編入：海外の教育施設や国内の外国人学校などから、課程の途中で日本の学校に移ってくること。

(1) 義務教育

　憲法 26 条には、国民の権利として普通教育を受けること、また義務として、その保護する子どもに教育を受けさせることが定められています。そしてこの義務教育は無償とされています。教育基本法、学校教育法では、この憲法 26 条の規定を受け、義務教育の年限を満 6 歳から 15 歳までの 9 年、小学校と中学校の課程と定めています。また、義務教育の無償を、授業料を徴収しないということで示しました。

　外国につながる子どもの場合、日本国籍を持っていなければ、この義務教育への就学義務はないとされています。しかし、日本は国際人権規約、児童の権利に関する条約（子どもの権利条約）を批准しています。ですから、子どもが公立の義務教育諸学校へ就学を希望する場合には、日本人児童生徒と同様に無償で受け入れられなければなりません。

　一方で、日本国籍を有していたとしても他にも別の国籍を有するケース、いわゆる重国籍（→1）の子どもに対しては、文部科学省は「家庭事情等から客観的に将来外国の国籍を選択する可能性が強いと認められ、かつ、他に教育を受ける機会が確保されていると認められる事由があるとき」には、就学義務の猶予または免除を認めることができるとしています。

　このような方針のもと、各教育委員会は、外国につながる子どもが公立の小学校や中学校等への入学を希望する場合には、入学すべき学校を指定しその学校に入学できるようにする必要があります。また、教科書の無償給付や就学援助（学用品の購入費、学校給食費、修学旅行費などの援助）の措置を、日本人の児童生徒の場合と同様に取り扱わなければなりません。

(2) 学齢と転入・編入

　この義務教育を受ける年齢、すなわち、満 6 歳から 15 歳までにあたる年齢を学齢といい、その期間を学齢期といいます。文部科学省は、各教育委員会に対して、満 6 歳になる外国につながる子どもの存在が確認されれば、日本人の子ども同様、その保護者に就学案内を送付するよう求めてお

り、彼らの就学の機会の確保に努めています。

　転入とは、課程の途中で、例えば国内での居住地の移動などにより別の学校からその学校に移ってくるケースのことをいいます。また、外国につながる子どもの場合、海外から来日して日本の学校に入ったり、国内の外国人学校等から移ってくるケースもありますが、これらを編入と呼びます。転入・編入の際には、原則的に年齢に応じた学年に配属されることになっていますが、個々の状況により、年齢より下の学年に入る措置をとることも可能です。また、文部科学省は、学齢期（満15歳に達した日以降の最初の3月31日まで）を過ぎて義務教育課程を修了していない外国につながる子どものケースなどにおいても、その就学を妨げないようにとの方針を示しています。

（櫻井　千穂）

40 適応指導・日本語指導・母語支援

> **適応指導**：外国につながる子どもが日本の学校生活や習慣に適応できることを目的とする指導・支援。
> **日本語指導**：外国につながる子どもが日本語を用いて学校生活を送ったり、学習に取り組むことができるようになることを目的に行う日本語の指導・支援。
> **母語支援**：外国につながる子どもの母語・母文化を失わないようにするための支援。

(1) 適応指導

　外国につながる子どもは、文化・言語的に様々な背景を持っています。

その文化や言語の違いから、日本の学校の中では当たり前とされているルールや習慣が彼らには馴染みのないこととして感じられ、様々なストレス（→**50**）を抱えることがあります。そうならないために、学校生活を送る上で必要とされる知識、例えば、登下校の仕方や時間割、学校内の教室（保健室や体育館など）の配置や使い方、休み時間の過ごし方、給食、掃除の仕方、行事活動のことなどを教えていくのが適応指導です。

　一般的に簡単な初期の日本語指導と並行しつつ、体験を通して、子どもがスムーズに学校生活に馴染んでいけるように支援します。

　一方で、日本の習慣に適応させることを重視しすぎると、子どもの文化や言語背景への配慮が欠け、かえって子どもの不適応につながったり、トラブルが生じてしまうケースもあります。子どもの持っている背景に対して、指導する側、受け入れる側が理解を示し、配慮することも必要とされます。

(2) 日本語指導

　日本語指導では、外国につながる子どもが日本の学校や社会の中で日本語を使って生活したり、日本語を使って授業に参加し、学習活動に取り組めるようになることを目的としています。生活のための日本語指導では、例えば、挨拶や場面に応じた表現、学校の持ち物の名前などといった学校生活で日常的に使うことばや、日本語の文字の読み・書きを学習します。

　学習活動のための日本語指導では、学年に応じた読み・書きの習得から日本語を使った教科学習までを含みます。文部科学省では、この日本語と教科内容を同時に学習していくために、これまでJSL（Japanese as a Second Language）カリキュラムと呼ばれる指導法を開発してきました。

　学校内での日本語指導や支援には、外国につながる子どもの人数が多い学校では、主に教員定数に上乗せして文部科学省が配置する加配教員が携わり、日本語教室や国際教室と呼ばれる教室が設置されています。また、各自治体の教育委員会などから派遣される支援員（サポーター）や母語が

わかる相談員、巡回指導員と呼ばれる人々、また地域のNPOやボランティア団体、大学などからの学生ボランティアが携わったり、外国につながる子どもの少ない学校では、担任をはじめ、その他の教員や管理職が指導・支援に当たるケースもあります。

　授業・支援形態は、子どもが在籍学級から離れて日本語教室や国際教室などで学習する「取り出し」授業や、加配教員や支援者が在籍学級に入って子どもの側でサポートする「入り込み」授業などの形、近隣地域の子どもを通級させる「センター校」形式がとられる場合もあります。

　この日本語指導の期間や時間数、内容などは、通常、各自治体や学校、そして指導・支援にあたる担当者の手に委ねられています。しかし、2014年度から、これまでは教育課程の外に位置づけられていた日本語指導が学校教育法施行規則の一部改正に基づき「特別の教育課程」として学校教育の中に位置づけられることとなりました。

　さらに、文科省によって、外国につながる子どものことばの力を測定するための評価法であるJSL対話型アセスメントDLA（Dialogic Language Assessment）も開発されたことから、これらの運用次第では、より確立した指導カリキュラムを組むことが可能となりました。このDLAは、文部科学省の海外子女教育、帰国・外国人児童生徒教育等に関するホームページ「CLARINET」からダウンロード可能です。

　また、地域では、様々な支援団体が独自に放課後や週末の日本語教室や学習支援教室を開いており、その多くが無償です。日本語そのものの指導や、日本語での教科学習の予習や復習、母語を活用した教科学習支援などもなされています。これらの教室に関する情報は、各自治体の国際交流協会（→ p240）などで入手可能です。

(3) 母語支援

　外国につながる子どもの場合、成人とは異なり、日本語を習得していく一方で、母語・母文化を喪失してしまう恐れがあります。母語・母文化は

保護者・家族との絆として、また、アイデンティティの確立においても重要ですし、バイリンガル教育理論においては、日本語を習得していく上でも、母語保持の重要性が指摘されています。そのため、公的な制度としては確立していないものの、近年では、彼らの母語・母文化が失われないようにといった様々な母語・母文化の支援が、地方自治体や地域のボランティア・NPO団体、大学等の教育機関で行われています。例えば、母文化に触れるための活動（多文化フェスティバルや母国の料理・遊びのイベントなど）や、母語での会話や読み・書きを学習したりするための母語教室などです（→ p74）。

（櫻井　千穂）

まめ知識　特別の教育課程

　2014年4月から、小・中学校といった義務教育諸学校での日本語指導が、学校教育法の施行規則（文部科学省の省令）により「特別の教育課程」として位置づけられることとなりました。つまり、外国につながる子どもや海外からの帰国児童生徒などに対する学校内での日本語指導が、制度上、はじめて正式に認められたということです。この内容に関しては、子どもの日本語力に応じて、学校長の判断により、在籍学級以外の教室や他の学校での指導が認められること、その指導は日本語能力を高める指導だけではなく、各教科などの指導も含むものであること、在籍学年も年齢にとらわれず必要に応じて下学年の在籍も配慮することなどが明記されています。

　また、子どもの実態を多面的に把握した上で、指導の目標や指導内容を明確にした指導計画を作成し、学習評価を行うことが明文化されています。授業時間数は、年間10単位時間から280単位時間とされていますが、子どもの実態に即して適切に定め、特別の必要がある場合には、年間280単位時間を超えて指導することを妨げるものではないとされています。この指導にあたる指導者は、教員免許を有する教員とされていますが、指導補助には教員以外の支援者やボランティア、母語通訳者等があたり、日本語指導や教科指導等の補助のほか、母語による支援も認められています。以上の内容は、

> これまでに教育現場で行われていた指導とほとんど変わりませんが、施行規則により定められ、制度上公になったことは、日本語指導の充実という点において大きな前進と言えるでしょう。
>
> (櫻井　千穂)

41 高校進学・大学進学・入試の特別措置・入試の特別枠

高校進学：原則として、満15歳以上で、中学校等を卒業、もしくはそれと同等以上とみなされる要件を満たすものに資格があり、高校入学者選抜などを経て入学できます。

大学進学：原則として、高等学校等を卒業するか、もしくはそれと同等以上とみなされる要件を満たすものに資格があり、大学入学者選抜などを経て入学できます。

入試の特別措置：高校の一般入試の際に、外国につながる子どもの言語面でのハンディを軽減するためにとられる一定の措置。

入試の特別枠：外国につながる子どもを対象とした入学枠で、一般入試とは内容の異なる特別な試験を受けられる枠。特定の高校や大学で実施されています。

(1) 高校進学

高校に進学するためには、まず入学資格を満たす必要がありますが、学校教育法等によって、次のいずれかに該当する人にその資格が認められています。

① 中学校や特別支援学校の中学部等を卒業、または中等教育学校（中

高一貫の学校）の前期課程を修了した者
② 外国で学校教育の9年の課程を修了した者
③ 中学校と同等であると指定されている在外教育施設（海外の日本人学校、補習授業校、私立在外教育施設）の中学部を修了した者
④ 文部科学大臣が指定する者（戦時中の国民学校修了者等）
⑤ 中学校卒業程度認定試験に合格し、中学校を卒業した者と同等以上の学力があると認められた者
⑥ 高等学校が独自に中学校を卒業した者と同等以上の学力があると認めた者

外国につながる子どもが、仮に、日本にある外国人学校（→**42**）の中等部を卒業したとしても、日本の外国人学校中等部は中学校とはみなされないため、上記の資格①には該当しません。また、日本の中学校に籍があっても、不就学などの何らかの事情で中学校を卒業しないケースも考えられます。しかし、このような場合にも、資格⑤の中学校卒業程度認定試験を受験し合格すれば、資格を手にし、入学者選抜を受けることができます。また保護者が日本国籍（→**1**）を持っていないケースなどでは、そもそも中学校への就学義務はないため、その高校の校長が学年相応かそれ以上の学力があると認めれば編入（→**39**）が可能となる場合もあります。

また授業料負担への支援として、国の就学支援金制度や都道府県が実施する高校生等奨学給付金、授業料等の減免制度があり、これらの制度は一般的に外国につながる子どもも対象となります。詳しい情報は各自治体の教育委員会、国際交流協会（→p240）等の教育相談窓口や、これらの団体やNPOなどが実施する外国につながる子どものための高校進学・進路ガイダンスなどでも入手できます。

(2) 大学進学

大学（短期大学を含む）進学は、以下の者に受験資格が認められます。
① 高等学校、中等教育課程およびそれと同等とみなされる課程を修了

した者
② 外国の学校教育における12年の課程を修了した者や、修了相当とみなされる学力認定試験に合格した者
③ 日本国内で外国の高等学校相当として指定した外国人学校の12年の課程を修了した者
④ 高等学校と同等と認定された在外教育施設の課程を修了した者
⑤ 国際バカロレア、アビトゥア、バカロレアなどの外国の大学入学資格の保有者や、国際的な評価団体（WASC；Western Association of Schools and Colleges、CIS；Council of International Schools、ACSI；Association of Christian Schools International）の認定を受けた外国人学校の12年の課程を修了した者
⑥ 高等学校卒業程度認定試験（旧大検）に合格した者
⑦ 大学が個別の入学資格審査により高等学校を卒業した者と同等以上の学力があると認めた者

大学への進学支援としては、日本学生支援機構をはじめとして、いくつかの団体が奨学金の貸与や給付を行っていたり、家庭状況等に応じて母子（父子）寡婦福祉資金貸付制度や生活福祉資金貸付制度などを活用することもできます。また、大学が独自の授業料減免制度を持っているケースもあります。奨学金の種類や制度によって、申込資格は異なりますが、各自治体の教育相談窓口や各大学等で情報を入手できます。

(3) 入試の特別措置と特別枠

　入試の特別措置は、高校の一般入試の際に、外国につながる子どもの言語面でのハンディを軽減し、日本人生徒同様に教育の機会を与えるために設けられており、入試時間の延長、辞書の持ち込みや母語使用の許可、試験問題の漢字のルビ打ち、別室受検などが見られます。
　特別枠とは、特定の高校や大学が外国につながる子どもの受け入れのために特別に設けている入学枠です。おおむね定員は少数で、来日してから

の期間や来日時の年齢による制限がある場合が多いですが、その要件を満たせば、例えば日本語での面接と作文、英語と数学と母語での作文のみなどといった特別な試験が受けられます。要件や内容は高校・大学によって様々ですから、各自治体の教育相談窓口に問い合わせたり、高校・大学が公表している入試情報をその都度確認する必要があります。

（櫻井　千穂）

42 外国人学校・インターナショナルスクール・民族学校

> **外国人学校**：主に外国につながる子どもを対象に教育を行う教育施設の総称。
> **インターナショナルスクール**：外国人学校のうち、主に英語により授業が行われている施設。
> **民族学校**：外国人学校のうち、ある民族・国に特化した教育を行う施設。ナショナルスクールとも呼ばれます。

(1) 外国人学校

　外国人学校とは、外国につながる子どもを対象とする教育施設を指し、そのうち主に英語により授業が行われているものはインターナショナルスクール、特定の民族・国につながる教育を行っている教育施設（朝鮮学校、韓国学校、中華学校、ブラジル学校、インド学校、フィリピン学校、フランス学校、ドイツ学校など）は民族学校（ナショナルスクール）と呼ばれています。民族学校の中には、その国につながる子どものみを対象としているものもあれば、ルーツに関わりなく受け入れているものもあります。

これらの外国人学校は、一般的には、都道府県知事の認可を受けた各種学校か、日本では何の認可も受けていない無認可校として扱われています。文部科学省の調査によれば2017年時点、各種学校として認可されている外国人学校は126校あり、そのうちインターナショナルスクールが35校、民族学校が91校とされています。無認可校も数十あるとされています。各種学校や無認可校は、いわゆる「学校」（幼稚園、小学校、中学校、高等学校、中等教育学校、特別支援学校、大学＝短期大学、大学院を含む＝および高等専門学校）と呼ばれる、学校教育法1条で規定された「一条校」とは区別されています。

　なお、2017年8月時点で、一条校のうち、国際的な修了資格であるIB (International Baccalaureate、国際バカロレア）に参加し、インターナショナルスクール同様、英語での授業を多く実施している学校は全国に20校あり、また、民族系（韓国系）の学校の中にも一条校として認められている学校が3校あります。一条校に対しては、日本の法律による保護と規制が強く働きますから、例えば、補助金の給付や寄付の非課税の恩恵を受ける代わりに、文部科学省の定めた指導要領に沿ったカリキュラムを組む必要があります。一条校として認定されていない外国人学校は、「学習指導要領」に縛られない独自のカリキュラムを持ち、英語（インターナショナルスクール）やその国の言語を使用して、教育を行うことができます。中には、それぞれの国の教育省によって認可され、その国での進学の受験資格が与えられる施設もあります。

　一方で、日本国内においては、外国人学校を修了しても、日本の就学義務を果たしたとはみなされないために、中学・高校の卒業資格を得られません。もし、外国人学校から日本の高校・大学に進学を希望する場合には、卒業程度認定試験等を受ける必要があります。また、国からの補助金や非課税の恩恵がないため、授業料が高額で、家庭の負担が大きくなってしまうこともあります。

(2) インターナショナルスクールの国際修了資格

　インターナショナルスクールの高等部の中には、国際的な修了資格のIBに参加しているところや、国際的な評価団体（WASC；Western Association of Schools and Colleges、CIS；Council of International Schools、ACSI；Association of Christian Schools International 等）の認定を受けているところ、文部科学省から、日本の高等学校に相当する課程を有するものとして位置付けられたところもあり、国内外の大学入学資格が認められるケースもあります。

(3) 民族学校に対する措置

　民族学校の中でも、特にブラジル学校については、1990年の入管法改正以後、日系ブラジル人定住者（→**6**）の急増に伴い数多く設置されました。当初は各種学校に認可されていない施設のみでしたが、その教育環境や経営状況の改善のために、文部科学省により、ブラジル学校の各種学校設置・準学校法人設立の支援が促進されています。2008年の経済危機以降、総数は減少傾向にあり、2017年時点で、56校となっていますが、各種学校として認可された学校は15校あります。

（櫻井　千穂）

43 医療保護入院・措置入院

> 両者とも、精神障害のために入院が必要であるが、本人の同意が得られないときの強制入院の形態。医療保護入院は家族または後見人等の同意により成立。措置入院は自傷他害のおそれがあると判断されれば成立します。いずれも精神保健指定医の診察を要します。

(1) 医療保護入院

精神障害を持つ人に医療・保護目的の入院が必要と精神保健指定医が判断した場合、本人の同意がなくても、精神保健指定医が入院必要と判断し、家族または後見人等の同意があれば入院可能となります。これを医療保護入院と呼びます。なお、精神保健指定医とは、精神科経験3年以上を含む臨床経験5年以上の医師のうち、症例報告書などを審査のうえ厚生労働省によって資格認定された者をいいます。

(2) 措置入院

2人以上の精神保健指定医が一致して精神障害のために自傷他害のおそれがあると判断した場合には、本人や関係者の同意なしに入院させることができます。これを措置入院と呼びます。自傷他害とは、文字通り、自分を傷つけ他人に害を及ぼす暴力行為を指します。

従来、措置入院患者は、措置解除後、医療からドロップアウトして十分な社会復帰ができないことが多く見られました。この反省を踏まえた心神喪失者等医療観察法（2003年）では、精神障害（→46）のために善悪の区別がつかない状態で殺人・放火・強盗・強姦等の重大な行為をなした者への専門的な入院加療と、退院後の継続医療の確保が定められました。これは精神障害者が重大犯罪を起こした場合に処遇する法律であり、任意入

院、医療保護入院、措置入院が定められている精神保健福祉法とは区別されます。

◇ 入院形態と手続き ◇
（太田保之・上野武治編「学生のための精神医学」の表を一部改変）

任意入院
① 医師の診察による本人の同意による入院
② 入院・退院届出の必要なし
③ 本人の申し出により退院可能
④ 精神保健指定医の診察により、72時間の退院制限制度あり

医療保護入院
① 精神保健指定医による診察の結果、精神障害であり、かつ、医療及び保護のため入院の必要性があると認められ、本人の同意に基づいた入院が行われる状態にないと判定された者について、精神病院の管理者は、本人の同意がなくても、以下の者の同意によって精神病院に入院させることができます。精神保健福祉法の「家族等」の同意、あるいは民法上の扶養義務者であり該当者がいない場合は、市町村長が同意の判断を行います
② 入院届・退院届を10日以内に都道府県知事に提出
③ 定期病状報告書を提出（12カ月）

措置入院
① 都道府県知事は、申請、通報または届出のあった者について、調査の上必要があると認めるときは、その指定する精神保健指定医に診察をさせなければなりません
② 精神保健指定医2名以上による診察の結果、精神障害であり、かつ自傷他害のおそれがあると判定された場合には、都道府県知事は、国または都道府県の設置した精神病院または指定病院に入院させることができます
③ 定期病状報告書を提出（6カ月ごと）

（阿部　裕）

44 精神科（神経科）・心療内科・神経内科・脳外科

精神科（神経科）：こころの病気一般を扱う科。
心療内科：心身症を中心に診るが、神経症や軽度のうつ病も扱う科。
神経内科：脳炎、神経炎など脳や神経に関する身体の病気を診る科。
脳外科：頭部外傷、脳梗塞などを診る頭部に関する科。

(1) 各科の区別

　精神科（神経科）・心療内科・神経内科・脳外科はどう区別して受診したらいいのでしょう。「精神科より心療内科のほうが軽症？」、「精神科は薬を使い、心療内科はカウンセリングで治す？」、いずれも間違いです。本来、それぞれの科は、学問的背景も、取り扱う病気の種類も違うのです。

　さらに複雑なことに、実際にクリニックの看板に掲げられている科は、本来の学問上の区別から少々ずれていることが多いのです。まず本来の姿、続いて実際にクリニックを受診する場合の見分け方について説明しましょう。本来の区分については、下記の表の通りです。

	基礎となる学問	担当医	主に対応する病気	左記の他、対応可能な病気
精神科（神経科）	精神医学	精神科医	統合失調症、うつ病、不安障害、発達障害、アルコールや薬物の依存症など心の病気全般	心身症（内科医と提携して対応）
心療内科	心身医学	心療内科医	心身症（胃・十二指腸の潰瘍、過敏性腸症候群、片頭痛、気管支喘息、過換気症候群など）	うつ病、不安障害など
神経内科	神経内科学	神経内科医	脳や神経の病気（認知症、脳炎、神経炎、パーキンソン病など）	

(2) 対応する病気

　精神科は、こころの病気全般に対応します。すなわち、統合失調症、うつ病、不安障害（パニック障害、対人恐怖、PTSD など）、発達障害、認知症（アルツハイマー病は認知症の一つ）、アルコールや薬物の依存症（中毒）などです。

　心療内科は内科の一分野で、身体の病気について心身両面からのアプローチをします。主に扱う病気は心身症です。心身症は、こころの病気ではなく、身体の病気です。単一の病気でなく、その発症や経過に、心理・社会的因子が大きく関与している一群の病気を指します。胃や十二指腸の潰瘍、過敏性腸症候群、本態性高血圧（本態性とは原因がはっきり特定できないという意味）、狭心症、気管支喘息、過換気症候群、片頭痛、円形脱毛症、アトピー性皮膚炎、更年期障害などが心身症に含まれます。

　神経内科と脳外科は、脳の病気、すなわち脳炎、脳腫瘍、脳出血、脳梗塞などにつき、それぞれ内科的、外科的な観点から診断や治療を担当します。脳の病気以外でも、手足の神経炎、パーキンソン病、重症筋無力症なども、すべて神経内科で扱います。認知症も、神経内科でも診ます。頭痛やめまいなども、神経内科・脳外科領域で扱う代表的な症状です。

　神経科は字面からすると神経内科と似ています。しかし実際は、精神科と同じ意味で使われていることが多いのです。病院の診療科目としての精神科、神経科、あるいは精神神経科はすべて同じものと考えてよいのです。

(3) 医師の専門の見分け方

　総合病院では、精神科（精神神経科・神経科）には精神科医、心療内科には心療内科医、神経内科には神経内科医、脳外科には脳外科医と、住み分けは明瞭です。クリニック（診療所）ではそう単純ではありません。以下に、医師一人で開業しているクリニックを受診する際の、医師の専門の見分け方を紹介します。

　「精神科・心療内科」または「心療内科・精神科」の看板を掲げている

クリニックの医師はほぼ精神科医でしょう。「心療内科」のみの看板の場合は、その医師は心療内科医の可能性が高いのですが、精神科医の可能性もあります。

　通常、精神科医がクリニックを開業する場合、精神科のみの看板を掲げると、患者が来院しにくいおそれがあります。残念ながら、精神科に対する偏見はアジア諸国を中心として今なお根強いのです（→ p82）。そこで、多くの精神科医は、精神科と心療内科とを併記して開業しています。精神科医が精神科の他に心療内科の看板も掲げて開業しても、現在法律違反とはされていません。最近は、大学病院などの大きな病院で、精神科が名前を変えて「メンタルヘルス科」あるいは「メンタルクリニック科」と呼ばれることも多くなりました。

（倉林　るみい）

45 精神病・神経症

> **精神病**：古来には狂気と呼ばれていたもので、正常の精神状態と異なる状態を意味しています。代表的な病気として、統合失調症と躁うつ病が挙げられます。
> **神経症**：こころの悩みが原因で、持続的で特異な精神や身体の症状が現れたものです。

(1) 精神病
　「統合失調症」は思春期から成人期にかけて発病し、特徴的な思考の異常、認知の障害、行動の異常、感情の障害を示し、多くは慢性的に経過し、自発性や対人接触が低下し、社会生活に困難をきたす疾患です。出現率は

0.7％前後で男女差はなくあらゆる時代、あらゆる国、あらゆる民族でほぼ一定しています。14歳から35歳までに発症し、40歳を過ぎると稀になり、遺伝と環境要因の複合的な作用によって発症すると言われています。

　病気が始まると、まとまりのない思考や行動が現れ、時に興奮して大声を出したかと思うと、別の時には、他人との接触を避け、自分だけの世界に引きこもります。病気が進むにつれ、身なりはだらしなくなり、何もしない自閉的な生活に甘んじるようになります。

　この病気にしばしば見られる妄想は、思考の異常による外界の出来事についての誤った思い込みであり、周りからの訂正は不能です。意地悪をされているという被害妄想、見られているという注察妄想、後をつけられているという追跡妄想、毒を入れられているという被毒妄想などがよく見られます。知覚の異常として幻覚（幻聴、幻視）があり、周りに誰もいないにもかかわらず話し声が聞こえたり、何かが見えたりします。その他、奇妙な行動、だらしない日常生活、意思の疎通の障害、生き生きとした感情交流の喪失が見られます。

　「躁うつ病」は、昔からメランコリーと呼ばれ、悲哀的な気分の変調を主とし、周期的な経過をたどるが、人格的欠損を残しません。気分が爽快な躁状態と悲哀気分に包まれるうつ状態が交互に現れますが、うつ状態だけを繰り返すうつ病もあります。うつ病の症状には、気分の落ち込み、意欲の低下、おっくうさ、体の疲れ、不眠、食欲不振などがあります。何もできなくなり、悲観的になって死ぬことを考えたりもします。最近では、躁とうつとの両症状が見られるものを双極性障害、うつ症状だけが見られるものを抑うつ状態やうつ病と呼びます。

　以下、精神科医が統合失調症と躁うつ病を疑う時の特徴的症状を挙げておきます。

統合失調症が疑われる症状

① わけの分からないことを言って、話がまとまらない
② 周りの人たちが嫌がらせをしてくる

③　自分の悪口が聞こえてくる
④　自分の考えが他人に分かってしまう
⑤　いつも誰かに見られている
⑥　電話が盗聴されている
⑦　周りの人がレーザー光線や電波を送ってくる
⑧　お風呂に入らず洋服も着替えない
⑨　自分の部屋に引きこもり独り言を言っている
⑩　ひとり笑いをする

躁うつ病が疑われる症状
①　気持ちが落ち込み憂うつである
②　元気がなく人に会いたくない
③　ものごとを悲観的にばかり考える
④　何か重い病気にかかっているのではないかと心配する
⑤　生きていく自信がなく死にたい
⑥　口数が少なく表情が暗い
⑦　気力がなく毎日だらだらしている
⑧　イライラして仕方がない
⑨　気分が爽快で普段よりいろいろできる

(2) 神経症

　神経症はこころの悩みが原因で引き起こされたもので、身体的病気が原因となっていません。しかし、こころや身体に持続的に特異な症状が見られます。欲求不満や葛藤→不安→不安を防衛する→防衛の破綻→神経症の発症、という流れになっています。病気が発症することによって、辛い悩みから逃れるという特徴があります。

　神経症は以下の8つに分類されます。
①　不安神経症では、予期不安、不安発作、動悸、呼吸困難、胸内苦悶、発汗、めまいが見られ、パニック障害と呼ばれることもあります。

② 強迫神経症は、鍵を閉めたか、ガス栓を閉めたかを何回も確認しないと気がすみません。
③ 恐怖症は対象のある恐れの感情で、対人恐怖、赤面恐怖、自己視線恐怖、不潔恐怖、広場恐怖、自己臭恐怖などがあります。
④ 心気神経症は、心身の些細な不調にとらわれて、重大な病気の兆候ではないかと怯えています。例えば、最近吐き気がするので、胃癌に違いないと思い込み心配します。
⑤ 離人神経症は「自分というものが感じられない」「歩いていても歩いている感じがしない」「真紅のバラを見ても美しいと感じない」などの現実感が喪失した状態です。
⑥ ヒステリー神経症は、無意識の葛藤が身体に置き換えられて、けいれん、運動麻痺、知覚麻痺、失立失歩、失声などが起こる転換性と、意識あるいは人格の統合が一時的に失われる昏迷、健忘、遁走、多重人格、もうろう状態などが見られる解離性があります。
⑦ 抑うつ神経症
⑧ 神経衰弱

しかし、最近では、神経症という言葉を使わなくなっています。
以下に対照表を示します。

対照表

これまで	最近
不安神経症、恐怖症	不安障害、パニック障害
強迫神経症	強迫性障害
心気神経症	心気障害
離人神経症	離人性障害
ヒステリー神経症	身体表現性障害、解離性障害、転換性障害

(阿部　裕)

46 精神障害・知的障害・発達障害

> **精神障害**：こころの病気全般を指し、知的障害や発達障害も含みます。
> **知的障害**：知能の発達が不十分で、IQ（知能指数）70以下に留まっていることを指します。
> **発達障害**：自閉症やアスペルガー症候群のような広汎型と、言語の発達障害などの特殊型があります。

（1）精神障害

「精神障害」について体系的に語るには、病気の原因別に分類すると分かりやすいと思われます。古典的には、精神障害は、外因性・内因性・心因性というように原因別の分類がされていました。しかし、うつ病にしろ統合失調症にしろ、こころの病気のほとんどが未だ原因不明のままであり、原因のみで分類するには無理があります。そこで、現在国際的に使われている分類では、主として症状で分類しています。

ICD-10（国際疾病分類第10版＝1992年）、DSM-5（精神疾患の診断・統計マニュアル第5版＝2013年）と呼ばれているものがこれに当たります。両者の分類は、ほぼ一致しています。ICDはWHOが作成している診断基準であり、DSMはアメリカ精神医学会が作成している診断基準であるため、公式な書類、例えば、自立支援医療や障害者手帳ではICDのコード番号が求められます。表にICD-10による精神、および行動障害の分類の大項目を列記しています。かっこ内には、その項目に含まれる病気の代表例を示しました。精神障害のすべてが、この表のどこかに分類されます。すなわち、知的障害も発達障害も精神障害に含まれます。他方、心身症は身体の病気であり精神障害には含まれません。

ICD-10（国際疾病分類第10版（1992）） 精神・行動障害の分類の大項目	
F0	症候性をふくむ器質性精神障害（アルツハイマー病に代表されるような認知症など）
F1	精神作用物質による精神・行動障害（アルコール・麻薬・ニコチン・シンナー中毒など）
F2	統合失調症（従来、精神分裂病といわれた病気）
F3	気分障害（うつ病、躁病、躁うつ病など）
F4	神経症、ストレス関連性障害、身体表現性障害（各種の神経症、対人恐怖、PTSDなど）
F5	生理的障害と身体的要因に関連した行動症候群（拒食症、過食症、不眠症など）
F6	成人のパーソナリティおよび行動の障害（人格障害、性同一性障害、病的賭博など）
F7	精神遅滞（知的障害）
F8	心理的発達障害（言語障害、学習障害、自閉症、アスペルガー症候群など）
F9	発症が通常小児期か青年期の行動と情緒の障害（多動性障害、行為障害、分離不安、選択的緘黙など）
F99	特定不能の精神障害

(2) 知的障害

　知能の発達が不十分で、IQ（知能指数）70以下に留まっていることを指し、かつ、社会的にも学業や仕事を続けるうえで、知能の発達が不十分なために、うまく社会に適応できない状態であります。かつて精神薄弱あるいは精神遅滞と呼ばれましたが、差別的ニュアンスがあるとして、これらの表現は今日、日常ではほとんど使われなくなっています。

(3) 発達障害

　「発達障害」には、自閉症やアスペルガー症候群のような広汎型と、言語の発達障害などの特殊型があります。自閉症は言語の発達の遅れがあり、知的障害を伴うことが多いですが、アスペルガー症候群は知能および言語の発達の遅れはありません。最近では、アスペルガー症候群を自閉症と区別せず、自閉スペクトラム症と呼ぶようになってきました。

　自閉症の中心症状は、コミュニケーション障害（言語発達の遅れ）、社会性の障害、ある物事への執着の3つですが、アスペルガー症候群は自閉症より軽度であっても、この傾向を持ち合わせています。そのほか、厳密には発達障害に含まれませんが、落ち着きがなく、不注意、衝動性が強い

ADHD（注意欠如多動障害）と、読字、書字、算数のいずれかの発達の遅れが見られる学習障害があります。

　異文化の生活では、言葉の遅れが発達障害によるものかどうか発見されづらく、発達障害の子ども達への適切なケアが遅れる場合があります。言語の発達の遅れについて母語で的確に評価できる専門家が、日本にはほとんどいないためです。最近では在日外国人の第二世代の子どもたちで、言葉の遅れや落ち着きのなさが発達障害からきているものなのか、異文化という環境からきているものなのかという相談を受けることが多くなってきています。この判断はこころの専門家にとっても難問といえます。

（阿部　裕）

まめ知識　自立支援医療費（精神通院医療）の公費負担制度

　精神障害（心の病気）で精神科（心療内科）などに定期的な通院が必要な場合、医療費の大半を公費で負担してくれる制度です。心の病気は一般に長期にわたる治療継続が必要であるため、自己負担が軽減されます。2006年4月から始まった障害者自立支援法に基づく自立支援医療費支給制度で、保険医療費の自己負担額が30％から、収入に応じて10％以下になります。ただし入院の医療費は適用になりません。対象となる病名は、統合失調症、気分障害（うつ病、双極性障害）、不安障害、アルコール依存症、知的障害、てんかんなどで、年齢や受診期間による利用制限はありません。日本に住む外国人で、日本の健康保険（→37）に加入している人はこの制度を利用できます。難民（→8）申請中の外国人は、健康保険証を持たなくても利用可能です。

　この制度の利用には、医師の診断書や申請書のほか住民票（→4）等の指定の書類を添えて、居住地の市区町村担当窓口へ申請する必要があります。都道府県での審査があるため、自立支援証を入手するまで、申請から2カ月程度かかりますが、申請書類の日付印の押してある書類を医療機関に提出すれば、その日から利用できます。有効期間は1年間で、継続の場合は再申請が必要ですが、診断書は2年に一度の提出です。また精神障害者保健福祉手帳と同時に申請すれば、改めて診断書をもらう必要はありません。自立支援の対象は、診察費、薬代などですが、心の病気と直接関係のない風邪薬などの代金は対象外となります。また、登録した医療機関や薬局以外での医療費も対象外になります。

（阿部　裕）

47 DV（ドメスティックバイオレンス）・セクシュアルハラスメント

> **DV**：家庭内暴力。虐待の一つで、年齢、国籍、性別、障害、経済状況、地域やライフ・スタイルとはかかわりなく、家族及び生活の本拠を共にする相手からの虐待です。
>
> **セクシュアルハラスメント**：性的な言動を相手方の意に反し、拒否されてもその行為を明示的、あるいは暗黙に行い、その性的な言動によって、精神的、あるいは生活上に一定の不利益を与えることです。

(1) DV

　虐待には、心を傷つける批判、プレッシャー、自尊心を傷つける言動、信頼関係の破壊、孤立感、ハラスメント（嫌がらせ・いじめ）及び経済的虐待が含まれます。

　暴力以外の虐待は、周りから気づかれないことが多いと言えます。注意しなければならないのは、被害者が外部から孤立し、精神的にも経済的にも頼れる者が加害者以外に無くなり、自立することがますます困難となることです。精神面や言葉による虐待、孤立させるための試みや脅かしは、肉体的な暴力の始まりであり、DV はストーカー行為に繋がることが多いと言われています。

　相談者が DV の被害者である場合には、まず、被害者の責任ではないことを理解することが大事です。自分の家族（信頼する者・愛する者）が自分に対して攻撃的な態度をとるという事実を受け入れること自体、難しいため、ほとんどの被害者が、自分の加害家族の行動を理解できず、自責の念にかられることが多いようです。自分の言動にかかわらず、家族から肉

体的に攻撃されたり、虐待されたり、精神的に卑下されたり、安全な生活を脅かされることは、絶対にあってはなりません。いかなる理由であれ、変わらなければならないのは加害者側です。

　DVがあった場合、通常は被害者が自分にとって必要な方策を見いだすまでに、数回サポートしてくれる機関を探すことが望ましいといえます。また、関係自体を終結してもまだ危険は残る可能性があります。危険性としては、別れる時がもっとも危ないとされています。危険性を感じた時には、直ちにサポートを依頼すべきです（→ p97）。

　なお、国際結婚の増加とともに、外国人配偶者へのDVも増えてきています。在留資格（→**3**）が「日本人の配偶者等」（→**6**）または「永住者の配偶者等」については「配偶者の身分を有する者として活動を継続して6カ月以上行わないで在留している」場合、「正当な理由」として認められないと、在留資格取消しの対象となり得ますので（入管法22条の4）、弁護士等の専門家に相談することが必要です。

(2) セクシュアルハラスメント

　「セクシュアルハラスメント（セクハラ）」は、文化面で考えてみると、「父権」の歴史の産物という説がありますが、現在では男性から女性のセクハラのみならず、女性から男性、また女性から女性など同性同士の嫌がらせもセクハラになります。さらに、従来から半ば公然と行われてきた「体育会系」の雰囲気の中でなされる男性から男性への性的いじめも、セクハラと認められるようになりました。しかし、男女雇用機会均等法が施行された後も、いまだに職場でのセクハラはなくなっていません。また、職場や家庭内での「モラルハラスメント」や「パワーハラスメント」、学校や大学内での「アカデミックハラスメント」など、様々な嫌がらせも昨今問題となっています。

　セクハラとは、もはや「男対女の戦い」ではなく、「人を傷つける行為」であるという認識を広め、社会の枠組みを根本から変えるためには、男女

共にステレオタイプな考え（役割に関する固定観念）を捨て、性的な意味合いを職場・学校に持ち込まないことや、男女間のコミュニケーションを図る方法や知識を学び、お互いに意識を啓発する必要があります。

セクハラは、「代償型」と「環境型」に分けられ、「代償型は何らかの対価と引き換えに性的関係を取り結ぶこと」を目的とし、「環境型」は職場・学校の意識に問題があり、就業・学習環境が著しく悪化し、個人の職業・学習能力が発揮できなくなる状況を意味しています。

セクハラは誰にでも起こりうる事であり、行為の判断基準は受け手（被害者）が「どう感じたか」が基準となるため、起きてしまったことに対する懲罰よりも、「起こさないため」の予防が大事であることはいうまでもありません。

（前田　節子）

48 性的虐待・児童虐待・いじめ

性的虐待：レイプや性的暴行のような物理的な犯罪行為、言葉での性的な嫌がらせ、ストーカー行為、および被害者の同意のない性的な刺激を満足させる行為。
児童虐待：児童に対する身体的、性的な暴力やネグレクト（育児放棄、監護放棄）、心理的虐待行為。
いじめ：人間の尊厳、誇り、人間に対する信頼を攻撃的に踏みにじる行為。直接的か間接的か、表立ってか隠れてか、単独でか集団でかは、問われません。

(1) 性的虐待

レイプや性的暴行のような物理的な犯罪行為、ストーカー行為、性的な言葉による心理的な嫌がらせ、および被害者の意に反して、自らの性的な刺激を満足させる様々な行為が含まれます。

性的虐待を体験した被害者は、不安、うつ症状、強迫観念、喪失感、PTSD（心的外傷後ストレス障害）の症状であるフラッシュバック、感情の鈍化、性行為への恐怖感、社会性の欠如、対人関係の欠落、学習能力の著しい低下、自責の念、社会への憎悪、感覚機能の喪失、食欲の減退、摂食障害、自傷行為等の心理的、肉体的および社会的な影響を受け、自分を含む「人」との信頼関係を持つことが困難になり、長期間にわたりその影響は継続することが少なくありません。

(2) 児童虐待

「児童虐待」とは、身体的、性的、心理的な暴力のみならずネグレクト（育児放棄、監護放棄）も含まれます。いずれの場合にも子どもの心に深い傷（PTSDなど）が残ります。これ以外にも、児童を労働力として使う行為も児童虐待に含まれ、子どもの心理的、身体的および社会性の健全な発達を妨げるすべての行為が児童虐待となります。

虐待を受けた被害児童は、「自分さえ我慢すれば、きっと状態は良くなる」と思いがちであるため、虐待されている状況を我慢し、我慢している間に虐待はますますエスカレートします。このため、周りが虐待に早い段階で気づくことが非常に重要です。

虐待を見つけた人は誰でも児童相談所（→ p99）、福祉事務所（→ p94）あるいは子ども家庭支援センターへ通告するべきです。通告は電話でするとができます。通告者に虐待の立証責任はないので、匿名で行うことができます。

(3) いじめ

　一人の人間の尊厳を攻撃的に踏みにじる行為です。また、人をコントロールするために否定的、侮蔑的、恐喝的、虐待的で悪意に満ちた方法でコミュニケーションをとる行為であり、陰湿な場合が多く見られます。いじめは、ある一定期間、継続して行われることが多いにもかかわらず、「いじめられても仕方がない」（被害者が悪い）という歪んだ言い分に基づいている傾向にあります。いじめは、人を混乱させ、怖がらせ、孤立させ、強制的にその人を服従させる行為であり、被害者を強制的に排除することを目的とし、被害者が学校、社会、職場などの帰属先から自発的に離れるような結果をもたらします。いじめは、被害者と加害者間の問題であれば、解決はそれほど難しいことではありませんが、グループ（被害者、加害者、傍観者）で行われると長期化し、被害者は著しい心の傷を負うことになります。

　グループで行われるいじめの注意点は、実際には関わっていない「傍観者」の扱いです。傍観者のタイプ別（加害者を正当化している傍観者、どうしてよいのか分からない傍観者、無関心な傍観者）の対応を学び、倫理観を育む教育が必要であるといえます。

　上記いずれの場合も、被害を受けていると感じた時には相談することが大切です。

（前田　節子）

49 インフォームドコンセント

> **インフォームドコンセント**：「説明を受けた上での同意」と訳されます。治療を始める前に医師が患者に十分な説明をし、患者が自分の意志で治療のための同意を行うことを意味します。

歴史的には臨床実験などへの反省から作成されたヘルシンキ宣言や患者の権利に対する意識の強化を受けて、医の倫理の基本として、アメリカでインフォームドコンセントが位置づけられてきました。インフォームドコンセントは、医療行為を受ける患者の医療行為について知る権利と医療者側（→ p78〜80）の伝達義務の両側面から成り立っています。患者は情報を得た上での医療行為開始の可否を決定する権利、すなわち自分の治療を決定する自己決定権を持っています。

このインフォームドコンセントが成り立つためには、いくつかの要件が必要です。まず一番目に、治療を受けるにあたって、医師から選択できうるいくつかの情報が患者に与えられていなければなりません。

二番目に、患者が同意する能力を持っている必要があります。患者が医師の説明を聞いて理解できなかったり判断できない状態、例えばアルツハイマー病などの認知症の場合では、インフォームドコンセントは成立しません。

三番目に、医師のプレッシャーなしに自らの判断で、治療について決定できることが必要です。特に日本の医療現場は患者が自己主張する土壌がなく、医師がこう言うから、あるいは医師に悪いからなどの理由で、治療に対する自己決定がなされにくい傾向にあります。

四番目に、そうした医師と患者の同意のやり取りが、カルテに適切かつ詳細に記録されている必要があります。

これまでインフォームドコンセントは、医師の説明に患者が同意するという一方的な見方がされてきました。しかし、基本的に医師と患者の信頼関係の上に治療行為がなされることを意図しています。同意を求める医療者側がどのような点に配慮し、説明しなければならないかを次に示します。

同意を求める側の配慮

① 手続きや措置を公正に説明
② 不快や危険を述べる
③ 予想される利益を述べる

④　代替手続きを明らかにする
⑤　いかなる質問にも答える用意がある
⑥　自由に同意を撤回できることを伝える
⑦　同意を撤回しても不利益を生まない

　つい最近まで、日本では患者が医師に依存せざるを得ない存在というパターナリズムで進んできました。しかしインフォームドコンセント的考え方が普及し始め、患者は医師と同等な自律的主体として動き始めています。具体的には、病院やクリニック、薬局などでセカンドオピニオンやカルテ開示が浸透しつつあります。

　特にがんやエイズ患者に対する病名告知や治療の同意には、インフォームドコンセントが欠かせなくなっています。また精神医療の領域では、2002年に精神分裂病を統合失調症に改名したことで、病名告知や、治療の同意の際の、インフォームドコンセントが行われやすくなったといえます。

　インフォームドコンセントの利点は、患者の権利と医師の義務といった両者が対立関係の中にあるのでなく、医師の丁寧な説明を受けた患者が、自ら自分になされる医療行為を理解し、その医師との信頼関係の下で医療行為を受けるという、医師と患者の信頼関係が築かれることにあります。

〈阿部　裕〉

50 カルチャーショック・異文化ストレス

> **カルチャーショック**：異文化を見たり触れたりした際、習慣や考え方が母国の文化と大幅に掛け離れているために受ける心理的ショックや戸惑い。
>
> **異文化ストレス**：異なる文化圏で生活したり、異文化との出会いによって生じるストレス。移住、国際結婚、海外赴任、留学、海外旅行などで起こります。

(1) カルチャーショック

　文化という概念自体、それを語る立場や視点によって大きく定義が異なる複雑な概念です。ここでは文化を「ある集団メンバーによって幾世代にもわたって獲得され蓄積された知識、経験、信念、価値観、態度など」と考えると、カルチャーショックや異文化ストレスは、自分が当たり前だと感じていた文化とは異なる文化に触れたときに感じる、心理的な動揺や葛藤、困惑と考えることができます。

　一般的にストレスと聞くと、どうしても悪影響を及ぼすものと考えられがちですが、ストレスはすべて有害というわけではありません。適度のストレスは、自分自身を成長させてくれるものでもあります。ただここでは、ショックやストレスが外国で生活していくのにマイナスに働く場合を想定します。

　カルチャーショックは、自分の中に異文化を受容していくプロセスです。異文化に接した初期は過剰に行った先のすべてがよく見えるという、いわゆる「ハネムーン期」であり、その後、徐々にその異文化に対する違和感が大きくなり、異文化に否定的になっていきます。しかし、その後、

異文化を自分の持つ文化の中に徐々に統合していき、新しい文化に適応できるようになっていきます。カルチャーショックが自分の中でうまく統合されなかった場合には、不適応となり、いろいろな精神症状が出現し、異国での生活は難しくなります。

(2) 異文化ストレス

母国以外の生活における異文化ストレスの要因には、以下のようなことが挙げられます。

① 異文化、異言語の中での葛藤や混乱
② 異なる習慣や生活様式からくる不適応
③ 対人コミュニケーションにおける葛藤
④ コミュニケーション不足による職場でのトラブル
⑤ 失業や経済的悩み
⑥ 親子間のコミュニケーションギャップ
⑦ 学校における子どもの悩み
⑧ 家族の病気に対する悩み
⑨ 母国に残してきた家族の心配
⑩ 将来に対する悩み

異文化ストレスが大きくなり、ストレスの強度が変わらず、心理的な動揺や葛藤、困惑が強い状態が維持された場合、身体や精神の不調として自覚されてきます。身体的な不調としては、不眠や食欲不振、吐き気、倦怠感など、精神的な不調としては、気分の落ち込み、無気力、何事も楽しめないなどが代表的な症状です。そのような場合は、一人で我慢せずに、家族や友人に相談したり、学校や職場に勤務しているカウンセラー（臨床心理士など）に相談したり、時によっては、専門の医療機関（→**44**）の受診も選択肢に入れた方がよいと思われます。

（石塚　昌保）

資料 多言語相談窓口一覧

◆ 地域国際化協会　相談窓口 ◆

都道府県

名称	電話番号(代表)	FAX番号	対応言語
(公社)北海道国際交流・協力総合センター	011-221-7840	011-221-7845	
(公財)青森県国際交流協会	017-735-2221	017-735-2252	相談対応なし
(公財)岩手県国際交流協会	019-654-8900	019-654-8922	中国語、韓国語、英語
(公財)宮城県国際化協会	022-275-9990（相談）	022-272-5063	日本語、英語、中国語、韓国語、ポルトガル語、タガログ語、ベトナム語、ネパール語、インドネシア語
(公財)秋田県国際交流協会	018-884-7050（相談）	018-825-2566	日本語、英語、中国語、韓国語、タガログ語
(公財)山形県国際交流協会	023-646-8861（相談）	023-646-8860	英語、中国語、韓国語、ポルトガル語、タガログ語
(公財)福島県国際交流協会	024-524-1315	024-521-8308	英語、中国語、韓国語、ポルトガル語、タガログ語
(公財)茨城県国際交流協会	029-244-3811（相談）	029-241-7611	英語、中国語、ポルトガル語、タイ語、タガログ語、スペイン語、韓国語、インドネシア語、ベトナム語
(公財)栃木県国際交流協会	028-627-3399（相談）	028-621-0951	英語、ポルトガル語、スペイン語、中国語、ベトナム語

名称	電話番号(代表)	FAX 番号	対応言語
(公財)群馬県観光物産国際協会	027-243-7271	027-243-7275	英語、ポルトガル語、中国語、スペイン語
(公財)埼玉県国際交流協会	048-833-3296（相談）		英語、ポルトガル語、中国語、スペイン語、韓国語、タガログ語、ベトナム語、タイ語
(公財)ちば国際コンベンションビューロー	043-297-2966（相談）	043-297-2753	
東京都国際交流委員会	03-5294-6542	03-5294-6540	相談対応なし
(公財)かながわ国際交流財団	045-620-0011	045-620-0025	
(公財)新潟県国際交流協会	025-241-1881（相談）	025-249-8122	日本語、英語、中国語、タイ語、タガログ語、インドネシア語、スペイン語、ポルトガル語、韓国語、ロシア語、フランス語
(公財)とやま国際センター	076-441-5654（相談）	076-444-2600	英語、中国語、韓国語、ロシア語、ポルトガル語
(公財)石川県国際交流協会	076-222-5950（相談）	076-263-5931	英語、中国語、韓国語、ポルトガル語、ロシア語
(公財)福井県国際交流協会	0776-28-8800	0776-28-8818	
(公財)山梨県国際交流協会	055-228-5419	055-228-5473	英語、ポルトガル語、スペイン語、インドネシア語
(公財)長野県国際化協会	026-235-7186	026-235-4738	英語、中国語、ポルトガル語、タイ語、タガログ語
(公財)岐阜県国際交流センター	058-214-7700	058-263-8067	英語、中国語、ポルトガル語、タガログ語
(公財)静岡県国際交流協会	054-202-3411	054-202-0932	スペイン語、ポルトガル語

名称	電話番号(代表)	FAX 番号	対応言語
(公財)愛知県国際交流協会	052-961-7902（相談）	052-961-8045	英語、ポルトガル語、スペイン語、中国語、タガログ語
(公財)三重県国際交流財団	059-223-5006	059-223-5007	ポルトガル語、スペイン語、タガログ語、英語
(公財)滋賀県国際協会	077-523-5646（相談）	077-523-5646	ポルトガル語、スペイン語、タガログ語
(公財)京都府国際センター	075-342-5000	075-342-5050	
(公財)大阪府国際交流財団	06-6941-2297（相談）	06-6966-2401	英語、中国語、韓国語、スペイン語、タガログ語、ポルトガル語、タイ語、ベトナム語、日本語
(公財)兵庫県国際交流協会	078-382-2052（相談）	078-230-3280	英語、中国語、スペイン語、ポルトガル語、日本語
(公財)和歌山県国際交流協会	073-423-5717（相談）	073-435-5243	英語、中国語、タガログ語
(公財)鳥取県国際交流財団	0857-31-5951	0857-31-5952	英語、中国語
(公財)しまね国際センター	0852-31-5056	0852-31-5055	英語、中国語、タガログ語、ポルトガル語
(一財)岡山県国際交流協会	086-256-2914（相談）	086-256-2489	中国語、ポルトガル語、タガログ語、韓国語、ベトナム語
(公財)ひろしま国際センター	082-541-3888（相談）	082-243-2001	英語、韓国語、タガログ語
(公財)山口県国際交流協会	083-925-7353	083-920-4144	英語、スペイン語、日本語
(公財)徳島県国際交流協会	088-656-3303	088-652-0616	英語、中国語、日本語
(公財)香川県国際交流協会	087-837-5908	087-837-5903	
(公財)愛媛県国際交流協会	089-917-5678	089-917-5670	
(公財)高知県国際交流協会	088-875-0022	088-875-4929	英語、中国語、韓国語、日本語

多言語相談窓口一覧　243

名称	電話番号(代表)	FAX番号	対応言語
(公財)福岡県国際交流センター	092-725-9204	092-725-9205	
(公財)佐賀県国際交流協会	0952-22-7830(相談)	0952-26-2055	英語、中国語、日本語
(公財)長崎県国際交流協会	095-823-3931	095-822-1551	相談対応なし
熊本県国際協会	096-385-4488	096-277-7005	
(公財)大分県芸術文化スポーツ振興財団	097-533-4021	097-533-4052	タガログ語、中国語、日本語、英語
(公財)宮崎県国際交流協会	0985-32-8457	0985-32-8512	英語、中国語、韓国語、タガログ語、ポルトガル語
(公財)鹿児島県国際交流協会	099-221-6620	099-221-6643	英語、中国語、韓国語
(公財)沖縄県国際交流・人材育成財団	098-942-9215	098-942-9220	英語、スペイン語

政令指定都市

名称	電話番号(代表)	FAX番号	対応言語
(公財)札幌国際プラザ	011-211-2105(相談)	011-211-3673	
(公財)仙台観光国際協会	022-224-1919(相談)	022-265-2472	英語、中国語、韓国語、タガログ語、ポルトガル語、ベトナム語、ネパール語
(社)さいたま観光国際協会	048-887-1506	048-887-1505	英語、韓国語、中国語
(公財)千葉市国際交流協会	043-202-3000	043-202-3111	英語、タガログ語、中国語、韓国語、スペイン語
(公財)横浜市国際交流協会	045-222-1209(相談)	045-221-1187	日本語、英語、中国語、スペイン語
(公財)川崎市国際交流協会	044-435-7000	044-435-7010	英語、中国語、韓国語、スペイン語、ポルトガル語、タガログ語、日本語

名称	電話番号(代表)	FAX番号	対応言語
静岡市国際交流協会	054-273-5931	054-273-6474	中国語、韓国語、スペイン語、ポルトガル語、タガログ語
(公財)浜松国際交流協会	053-458-2170	053-458-2197	ポルトガル語、英語、中国語、スペイン語、タガログ語
(公財)名古屋国際センター	052-581-0100(相談)	052-581-0100	英語、ポルトガル語、スペイン語、中国語、韓国語、タガログ語、ベトナム語、日本語
(公財)京都市国際交流協会	075-752-3511(相談)	075-752-3510	
(公財)大阪国際交流センター	06-6773-6533(相談)	06-6773-8421	英語、中国語、韓国語
(公財)神戸国際協力交流センター	078-291-8441	078-291-0691	英語、中国語、韓国語、スペイン語、ポルトガル語、ベトナム語、タガログ語
(公財)広島平和文化センター	082-242-5010	082-242-7452	中国語、ポルトガル語、スペイン語
(公財)北九州国際交流協会	093-643-6060(相談)	093-643-6466	日本語、英語、中国語、韓国語、ベトナム語
公益財団法人 福岡よかトピア国際交流財団	092-262-1799	092-733-5635	英語、中国語、韓国語
(一財)熊本市国際交流振興事業団	096-359-4995(相談)	096-359-5112	日本語、英語、中国語、韓国語、タガログ語、ドイツ語、スペイン語

※本表は財団法人自治体国際化協会の『平成28年度地域国際化協会ダイレクトリー』を参考に、2017年8月31日現在の情報として作成しました。

名称	電話番号(代表)	FAX番号	対応言語
奈良県外国人支援センター	0742-81-3420	0742-81-3321	英語、中国語、ポルトガル語

※奈良県には、地域国際化協会がないため別枠で記載しました。
※対応言語、時間はホームページでご確認下さい。

◆ その他の相談窓口 ◆

■ワンストップ型相談センター

○外国人総合相談支援センター（→ p12）

03-3202-5535

英語、中国語、スペイン語、ポルトガル語、ベトナム語、インドネシア語、ベンガル語

9:00～16:00（平日）

○外国人総合相談センター埼玉（→ p10）

048-833-3296

英語、スペイン語、中国語、ポルトガル語、韓国語、タガログ語、タイ語、ベトナム語

○浜松外国人総合支援ワンストップセンター

053-458-2170

英語、ポルトガル語、スペイン語、中国語、タガログ語

■女性・人権（電話相談がメイン）

○女性の家"サーラー"（神奈川県）

045-901-3527

タイ語、タガログ語、英語、スペイン語、ポルトガル語、韓国語

○女性の家 HELP（東京都）

03-3368-8855

英語、日本語

○NPO法人アジア女性自立プロジェクト（兵庫県）
078-734-3633
英語、日本語
毎週水曜日

○アジア女性センター（福岡県）
092-513-7333
英語、中国語、韓国語、タイ語、インドネシア語、タガログ語

■難民支援
○JAR／UNHCR　難民ホットライン
0120-477-472　もしくは　03-5379-6003
英語

■医療（電話相談のみ）
○NPO法人AMDA国際医療情報センター東京（言葉の通じる医療機関の紹介や医療福祉制度の案内）
03-5285-8088
英語、タイ語、中国語、韓国語、スペイン語　毎日9:00～20:00
ポルトガル語（月・水・金）9:00～17:00
タガログ語（水）13:00～17:00
ベトナム語（木）13:00～17:00

■在留資格
○入国管理局インフォメーションセンター
0570-013904　※IP，PHS，海外からは　03-5796-7112
英語、中国語、スペイン語、韓国語、ポルトガル語、タガログ語、フランス語

8:30〜17:15（平日）

■**防犯・犯罪**
○警視庁　外国人困りごと相談センター（犯罪にからむ相談全般）
03-3503-8484
英語、中国語（韓国語、タイ語、タガログ語、スペイン語、ペルシャ語、ウルドゥー語、は事前予約）
8:30〜17:15（土日祝日除く）

(新居　みどり)

◆ **公的な専門機関** ◆ （第2部2章参照）

■**法律**（→ p88）
○法テラス＝日本司法支援センター＝（内容に応じてもっとも適切な機関・団体などの情報を無料で提供）
0570-078374　※ PHS・IP電話からは　03-6745-5600
日本語、英語
9:00〜21:00（平日）　9:00〜17:00（土曜日）

○法テラス多言語情報提供サービス（借金、離婚、労働、事故、震災関係など）
利用者と通訳業者と法テラス職員の3者間で話すことができます。
0570-078377
英語、中国語、ポルトガル語、スペイン語、韓国語、ベトナム語、タガログ語
9:00〜17:00（平日）

■仕事
○労働基準監督署（→ p92）

○労働相談情報センター（→ p92）

○ハローワーク（→ p93）

○外国人雇用サービスセンター（→ p93）

○労働相談機関（→ p46）

■福祉
○福祉事務所（→ p94）

○社会福祉協議会（→ p94）

○配偶者暴力相談支援センター（→ p97）

○婦人相談所（→ p97）

○女性センター（→ p97）

○児童相談所（→ p99）

○一時保護所（→ p99）

○児童養護施設（→ p99）

○子育て支援施設（→ p102）

■医療
○保健所（→ p104）

○保健センター（→ p104）

○精神保健福祉センター（→ p106）

■外国の機関
○大使館・領事館（→ p107）

重版にあたって

　在住外国人と交流するすべての人たちにお役に立てればと、この本を編集し松柏社の森信久社長のお力添えで2015年6月に出版してから2年4カ月を経て、第2版を発行することが出来ました。

　初版では、多くの読者からご意見やご指摘を戴きました。今回は、こうしたご意見やご指摘を反映しつつ、また法改正などに対応した最新の情報について、主に在留資格などを中心により読みやすく、改訂して出版いたしました。また、全国の「多言語相談窓口」に関しても最新の情報を確認して資料として掲載しております。

　日本政府は、日本で働く外国人受け入れのための新たな施策を打ち出しています。国家資格である介護福祉士を取得した外国人が継続的に働けるよう、在留資格に「介護」を設けることなどを柱とした入管法改正（2015年3月）や途上国の労働者が日本で技術を学ぶ制度として設けている「外国人技能実習制度」の改正法施行（2017年11月）などがこれに当たります。

　介護については、急速に進んで来ている高齢社会に対応して、介護現場での人材の不足を見込んで外国人の手を借りやすいようにすると言うことであり、技能実習制度については、これからますます少子化で働き手が集まらないと見込まれる農林水産業、工業などの第一次、第二次産業を中心に働き手を確保しようというのが実情で、在留期間の延長などが骨子となっています。こうした動きに見られるように、今後、労働力としての外国人の受け入れはますます進んでいく方向です。

　しかしながら、将来展望を見通した国家戦略としての総合的な外国人受け入れ政策となっているわけではなく、対処療法的措置で一時的に対応し

ているようにしか見えません。外国人を受け入れるなら、単なる労働力としてではなく、日本社会での生活者として、コミュニティーの一員として受け入れることが求められます。国としての制度設計がキチンとあるわけではなく、しかも受け入れる側のコミュニティーも、個々人としても、心構えを含めた受け入れの体制ができていない状況です。在住外国人の中には、異文化ストレスや労働習慣の違い、さらにはゴミ出しなど生活習慣などでもコミュニティーに溶け込めずにいる人たちも多く、そのことは本書の第1部と第2部で指摘した通りです。

　この本の執筆に当たっては、多分野の専門家に執筆いただいておりますが、その多くは特定非営利活動法人CINGA（Citizen's Network for Global Activities＝国際活動市民中心、http://npocinga.blogspot.jp/）のメンバーです。

　CINGAは、在住外国人を生活者として捉え、その人の背負ってきている国の歴史や文化、人生観をも尊重しつつ、支援しながらその人にとっても、日本人にとっても住みやすい多文化共生の日本社会構築をめざして、2004年から市民活動をしています。言葉などのハンディが大きい外国人にとって社会の矛盾がより典型的に表出する場合がありますが、そうした問題は同時に我々日本人が抱える問題だったり、課題だったりすることに気づかされ、逆に私たち日本人が身近な外国人の存在に教えられ、学ぶことも少なくありません。

　CINGAのメンバーは、弁護士、医師、社会福祉士、臨床心理士、労働相談員、大学教授などさまざまな分野の専門家で構成されており、定期的に行っている外国人が抱える問題、悩みなどの相談会も含めた多くの現場で実践活動を続けています。

　この1年間にCINGAは、相次いで貴重なメンバーを喪うとい痛恨事がありました。

　この本のような、全国各地の外国人相談の現場の人たちにとって手引きになるようなガイドブック的なものの必要性を感じ、企画、発案したのが

監修者の一人であったCINGA理事の杉澤経子さんでした。杉澤さんは、東京外国語大学の多言語・多文化教育研究センターのプロジェクトコーディネーターとして、多文化社会コーディネーターの専門性の研究、コミュニティー通訳の養成や多言語通訳者の社会的認知向上に多くの研究論文を発表すると同時に様々や分野の人たちと連携しながらの協働実践活動を展開できるような仕組み作りに精力的に取り組んできました。しかし、2017年2月17日にがんのために逝去されました。享年62歳でした。亡くなる直前まで実践活動を続け、CINGAの若いメンバーも指導していました。

また、この本の執筆者の一人でCINGAの監査役を務めていた柳原千秋さんは、2016年8月3日、富山県側の北アルプス・野口五郎岳（2924メートル）を登山中、滑落して逝去されました。享年66歳でした。長年、CINGAの財務管理を税理士というプロの立場から担っていただきました。

お二人ともこれからますます活躍される年代だっただけに、私たちCINGAにとっては、大きな痛手となりました。お二人のご冥福をお祈りますとともに、私たちはお二人のご意志を継承し、さらに多文化共生社会構築に向けて活動を継続します。お二人のお名前は、監修者・執筆者としてこの本にそのまま掲載しております。

外国人相談窓口などで日々奮闘し、対応されている皆さまに、この本が少しでもお役に立つことを願いますとともに、この本をより良くしていくためにも、皆様方の忌憚なきご意見やご感想、提言を賜われば幸いです。

最後になりましたが、この本の第2版の出版を決定していただいた松柏社の森信久社長にこの場をお借りして改めて深く感謝申しあげます。

（大久保和夫）

索　引

アルファベット
CSW　96
DLA　209
DV 防止法　95, 97
EPA　67, 126
JSL カリキュラム　211
MSW　62, 64
PSW　62
SSW　62, 70

あ
アカデミックハラスメント　232
アビトゥア　216

い
遺族年金　203
一条校　218
医療ソーシャルワーカー　62, 64

う
ウィメンズプラザ　97, 99

え
エイズ　104, 105, 237
遠隔通訳　11, 40

お
オーバーステイ　48, 53, 140, 143, 151, 188

か
介護　60, 61, 62, 66, 67, 118, 135, 206
介護支援専門員　61
介護福祉士　60, 61, 66, 67, 118, 135
外国語相談員　9, 10, 12, 13, 14, 15, 16, 17, 21
外国人雇用状況の届け出状況　44

外国人児童生徒　69, 75, 211
外国人総合相談支援センター　12, 245
外国人相談窓口　3, 9, 17, 83
外国人ローヤリングネットワーク　41
課税所得　198
家庭支援専門員　102
加配教員　211, 212
寡婦福祉資金貸付制度　216
勧奨　194
関東弁護士会連合会　40, 41

き
「きく」技能　15
偽装請負　52, 193
義務教育　75, 99, 103, 208, 209, 210, 213
教育相談室　70
行政書士　4, 12, 34, 42, 167, 197
業務災害　199, 200

け
ケアマネージャー（ケアマネ）　61
刑事手続　149, 153, 154, 160, 161, 162
刑の種類　165
血統主義　110, 111, 112
言語サービス　7, 8, 22
源泉徴収　198

こ
広域ネットワーク　10, 11
高校進学ガイダンス　71
高校生等奨学給付金　215
公使　107, 116
高等学校卒業程度認定試験　216
高等学校等就学支援金制度　76
公認会計士　35, 117
コーディネーター　13, 16, 21, 22, 27, 28,

索　引 **253**

　　29, 62, 79, 206
国際交流協会　2, 4, 7, 8, 9, 10, 11, 12, 13,
　　14, 15, 26, 29, 71, 83, 90, 105, 212, 215,
　　240, 241, 242, 243, 244
国際バカロレア　216, 218
告示外定住者　131
告示定住　130
国籍選択制度　111
国選付添人　163
国選弁護人　90, 163, 164
国民健康保険　49, 50, 203, 204
こころの医療　4, 5, 17, 18, 32, 78, 80, 81,
　　83, 84, 106
子ども家庭支援センター　97, 234
子ども家庭センター　100
子どもの権利条約　209
コミュニティソーシャルワーカー　62,
　　96
コミュニティ通訳　17, 22, 27, 28
婚姻要件具備証明書　167

さ

災害多言語支援センター　29
在留資格取得許可申請　141

し

シェルター　42, 98, 99
事実主義　171
市町村民税　197, 198
失業手当　200
死傷病報告書　54
児童委員　62, 96, 100
児童心理司　100
児童手当　207
児童福祉司　61, 100
児童福祉法　95, 100, 101, 102
児童扶養手当　207, 208
司法書士　34, 35, 42, 66, 89, 90, 127
指紋押捺　131

社会福祉士　4, 60, 61, 66, 71
社会福祉主事　61, 95
社会保険労務士　4, 10, 35
社会保障協定　204, 205
就学援助　209
就学支援金制度　73, 76, 215
住民基本台帳　7, 120
収容令書　144, 151, 152
出生地主義　110, 111, 112
出入国管理及び難民認定法　3, 45, 120,
　　137, 153, 155
守秘義務　11, 15, 86
準拠法　38, 50, 51, 166, 167, 170, 173, 174,
　　179, 181, 182, 185
準正　172
女性相談所　97, 98, 99
所得控除　198
自立支援医療費　81, 106, 230
申請取次　34
身体障害者更生相談所　100
身体障害者福祉司　95
心理カウンセラー　70, 79

す

スクールソーシャルワーカー　62, 70, 71

せ

生活福祉資金貸付制度　216
精神科医　4, 12, 22, 78, 79, 82, 106, 221,
　　223, 224, 225
精神保健指定医　78, 220, 221
精神保健福祉士　60, 61, 62, 71, 79, 106
精神保健福祉相談員　60, 104, 106
精神保健福祉法　84, 106, 221
成年後見制度　66
税理士　35
センター校　212

そ

躁うつ病　224, 225, 226, 229
相互査証免除協定　115
相談通訳　17, 18, 19, 20, 22
ソーシャル・インクルージョン　67, 68
ソーシャル・エクスクルージョン　68
ソーシャルワーカー　62, 64, 70, 71, 96, 102
損害賠償　4, 53, 55, 161, 168, 181, 182, 186, 187
損害賠償命令制度　161

た

退去強制事由　144, 145, 146, 149, 151, 152
退去強制令書　143, 148, 149, 150, 151, 152
第三国定住　118, 137
大使　64, 107, 108, 116, 169, 248
代理人　42, 151, 162, 169
多言語政策　7, 8, 22
多言語対応体制　7, 10, 11
脱退一時金　49, 204, 205
多文化間精神医学会　28, 79
多文化ソーシャルワーカー　62
単純出国　146
男女共同参画センター　97, 99

ち

地域国際化協会　11, 12, 15, 32, 240, 244
地域における多文化共生推進プラン　8
知的障害者更生相談所　100
知的障害者福祉司　95
中学校卒業程度認定試験　215
調停前置主義　174

つ

通勤災害　199, 200
通訳　4, 5, 6, 7, 8, 9, 10, 11, 13, 14, 15, 16, 17, 18, 19, 20, 21, 22, 27, 28, 29, 31, 33, 36, 38, 40, 42, 45, 52, 54, 71, 72, 73, 77, 86, 90, 91, 92, 93, 94, 98, 101, 105, 106, 109, 117, 163, 213, 247
通訳ボランティア　6, 9, 10, 15, 19, 20

と

東京外国語大学　17, 21, 22, 26, 38, 42
統合失調症　84, 221, 223, 224, 225, 228, 229, 230, 237
同行通訳　14
同性婚　168
当番弁護士　40, 41, 42, 162, 163, 164
道府県民税　197, 198
特別徴収　199
都内リレー専門家相談会　3, 4, 5, 6, 11, 12, 13, 14, 15, 17, 40
取り出し　212

な

難民条約　136, 138
難民調査官　155

に

日本学生支援機構　216
日本弁護士連合会（日弁連）　18, 28, 36, 40, 41, 42, 43, 88, 90, 91, 152, 164
入管手続　37, 39, 153, 154
任意入院　84, 220, 221
認可外保育施設（無認可保育所）　102
認可保育所　102, 103
認知主義　171
認定こども園　103

ね

年末調整　198

は

入り込み　212
ハーグ条約　178
バカロレア　216, 218

罰金刑　159, 165
パワーハラスメント　93, 232

ひ
ヒアリング　15, 16, 18
被害者参加制度　161
非居住者　198

ふ
ファミリーソーシャルワーカー　102
フィードバックミーティング　16
福祉六法　95
不就学　69, 75, 76, 215
普通徴収　199
不法就労　44, 45, 48, 50, 51, 196

へ
弁理士　35

ほ
法テラス　36, 43, 88, 89, 90, 91, 247
法律相談料　36
保健師　80, 104, 106
母語通訳　72, 73, 213
母子自立支援員　95
保証金　150, 151, 152

ま
マクリーン事件　37

み
未成熟子　176, 177
みなし再入国許可　131, 146
身元保証人　152
民生委員　96

も
モラルハラスメント　232

ゆ
ユニオン・労働組合　46

ら
ライプニッツ方式　187

り
略式命令　159
領事　64, 107, 108, 114, 116, 167, 248
臨床心理士　4, 12, 70, 79, 82, 239
倫理　13, 15, 18, 20, 235, 236

ろ
労働災害　54, 168, 187
労働者災害補償保険法　45, 202

■監修・著者プロフィール
杉澤　経子（すぎさわ　みちこ）
東京外国語大学多言語・多文化教育研究センター元プロジェクトコーディネーター（研究員／社会連携事業統括）
1989年～2006年の17年間、自治体設置の国際交流協会で多文化共生施策を統括。その中で、1997年に「外国人専門家相談事業」に着手。2002年には「都内リレー専門家相談会」の立上げに発起人として関わり、活動を続けている。大学では、「多文化社会専門人材」（「多文化社会コーディネーター」、「相談通訳」）に関する専門性研究と養成に携わる一方で、弁護士会や自治体との協働実践研究を通して多言語対応システムづくりに取組んだ。

関　聡介（せき　そうすけ）
弁護士（東京弁護士会）
2015年3月まで成蹊大学法科大学院客員教授、同年4月より司法研修所教官。NPO法人難民支援協会理事、NPO法人国際活動市民中心（CINGA）理事。企業法務や企業の社外役員としての業務に携わる傍ら、刑事事件や外国人事件に継続的に従事している。編著に『コンメンタール　出入国管理及び難民認定法2012』（現代人文社）など。共著に『外国人刑事弁護マニュアル（改訂第3版）』（同）などがある。

阿部　裕（あべ　ゆう）
明治学院大学心理学部教授・四谷ゆいクリニック院長
四半世紀前に、スペイン留学から戻って以来、ラテンアメリカ人を中心とした、外国人のこころの支援を行っている。最近は、多文化外来のある四谷ゆいクリニックで外国人に関わることが多いが、多文化間精神医学会の理事長として、精神科医、臨床心理士、精神保健福祉士等のこころの専門家、弁護士、医療通訳関係者、国際交流協会や市町村外国人相談窓口の人たちとネットワークをつくりながら活動している。

■編集アドバイザー
大久保　和夫（おおくぼ　かずお）毎日新聞記者・NPO法人国際活動市民中心（CINGA）副代表

■著者一覧（五十音順）
青柳　りつ子（あおやぎ　りつこ）社会福祉士・行政書士
石塚　昌保（いしつか　まさお）臨床心理士
大貫　智恵子（おおぬき　ちえこ）行政書士・社会保険労務士
小川　浩一（おがわ　こういち）労働相談員
小田川　綾音（おだがわ　あやね）弁護士
加藤　博義（かとう　ひろよし）社会保険労務士
倉林　るみい（くらばやし　るみい）精神科医
小平　達也（こだいら　たつや）グローバル人材戦略研究所所長
櫻井　千穂（さくらい　ちほ）同志社大学日本語・日本文化教育センター准教授
前田　節子（まえだ　せつこ）心理カウンセラー
柳原　千秋（やなぎはら　ちあき）元税理士
依田　公一（よだ　こういち）弁護士
渡部　典子（わたなべ　のりこ）弁護士

（資料作成）
新居　みどり（にい　みどり）NPO法人国際活動市民中心（CINGA）コーディネーター

これだけは知っておきたい！
外国人相談の基礎知識

2015 年 6 月 15 日　初版第 1 刷発行
2017 年 10 月 20 日　第 2 刷 発 行

監修者　杉澤経子／関　聡介／阿部　裕
発行者　森　信久
発行所　株式会社　松　柏　社
　　　　〒102-0072　東京都千代田区飯田橋1-6-1
　　　　TEL　03(3230)4813（代表）
　　　　FAX　03(3230)4857
　　　　http://www.shohakusha.com
　　　　e-mail: info@shohakusha.com

装幀　常松靖史［TUNE］
組版・印刷・製本　倉敷印刷株式会社
ISBN978-4-7754-0219-1
Printed in Japan
Copyright ©2015 by Michiko Sugisawa, Sosuke Seki & Yu Abe

定価はカバーに表示してあります。
本書を無断で複写・複製することを固く禁じます。

JPCA　本書は日本出版著作権協会（JPCA）が委託管理する著作物です。
複写（コピー）・複製、その他著作物の利用については、事前に JPCA（電
話 03-3812-9424、e-mail:info@e-jpca.com）の許諾を得て下さい。
日本出版著作権協会　無断でコピー・スキャン・デジタル化等の複製をすることは著作権法上
http://www.e-jpca.com/　の例外を除き、著作権法違反となります。